JN081309

北大総合中国語 I・II

北海道大学中国語教科書編纂グループ

朝日出版社

黑龙江

黑龙江
松花江
哈尔滨

内蒙古自治区

长春
吉林

沈阳
辽宁

北京市

朝鲜

呼和浩特

恒山

渤海

天津市

河北
石家庄

韩国

日本

银川

太原
山西

济南 泰山
山东

黄海

陕西

黄 河
嵩山
郑州
河南

江苏

西安 华山

合肥
南京
太湖

上海市

湖北
武汉
安徽
黄山

杭州
浙江

重庆市

长 江

庐山

东海

洞庭湖
鄱阳湖

长沙 江西
南昌

湖南
衡山

贵州
贵阳

福建
福州

台北

广西壮族自治区
南宁 西江

广东
广州

澳门 香港

台湾海峡

台湾

北回归线

南

海口
海南

南海

0   400   800km

音声ダウンロード

 音声再生アプリ「リスニング・トレーナー」新登場（無料）

朝日出版社開発のアプリ、「リスニング・トレーナー（リストレ）」を使えば、教科書の
音声をスマホ、タブレットに簡単にダウンロードできます。どうぞご活用ください。

まずは「リストレ」アプリをダウンロード

▶ App Store はこちら　　▶ Google Play はこちら

アプリ【リスニング・トレーナー】の使い方

❶ アプリを開き、「コンテンツを追加」をタップ
❷ QR コードをカメラで読み込む

❸ QR コードが読み取れない場合は、画面上部に 45350 を入力し「Done」をタップします

QRコードは㈱デンソーウェーブの登録商標です

Webストリーミング音声

http://text.asahipress.com/free/ch/245350

目　　次

I

発音編 1 ………………………………………………… 8
　1. 中国語の音節　2. 韻母　単母音　3. 韻母　複母音

発音編 2 ………………………………………………… 11
　1. 声母　子音

発音編 3 ………………………………………………… 13
　1. 韻母　鼻母音　2. 声調変化と綴り方ルール
　発音編総合練習 …………………………………………… 16
　◆数を数えてみよう　◆二音節の声調の組み合わせ　◆三文字を読む

第 1 課　我吃拉面。 …………………………………… 18
　①人称代詞　②動詞述語文 S+V+O　③"吗"疑問文　④動詞述語文の否定

第 2 課　这是我的。 …………………………………… 22
　①名前の聞き方・言い方　②指示代詞　③動詞"是"　④連体修飾語を作る助詞"的"

第 3 課　那是谁的课本? ……………………………… 26
　①疑問詞"什么"　②疑問詞"谁"　③"呢"省略疑問文　④正反疑問文

第 4 課　汉语语法不太难。 …………………………… 30
　①疑問詞疑問文"怎么样"　②形容詞述語文　③主述述語文

第 5 課　他今年四十六岁。 …………………………… 34
　①数字の数え方　②量詞　③名詞述語文　④存在・所有の動詞"有"　⑤年齢の聞き方・言い方

第 6 課　五月十五号星期几? ………………………… 38
　①日付の言い方　②曜日の言い方　③時間詞　④文末付加型疑問文

第 7 課　房间里没有人。 ……………………………… 42
　①方位詞　②存在を表す動詞"有"　③所在を表す動詞"在"　④場所を表す指示詞

第 8 課　下学以后去体育馆打篮球。 ………………… 46
　①時刻の言い方　②「いつ」の位置　③連動文　④量詞　⑤"二"と"两"

第 9 課　我们在大学学汉语。 ………………………… 50
　①疑問詞疑問文"怎么"　②介詞"在"　③介詞"往"　④介詞"离"

第 10 課　我告诉你一个好消息。······················· 54
①数をたずねる疑問詞"几""多少"　②三桁以上の数字　③二重目的語をとる動詞
④選択疑問文 Ａ＋"还是"＋Ｂ

第 11 課　我会游泳，能游五百米。······················· 58
①可能の助動詞"会"　②可能の助動詞"能"　③許可を表す助動詞"可以"

第 12 課　她比我更了解这儿的情况。······················· 62
①比較"比""没有"　②同等・同様の表現　③"有点儿"と"一点儿"「少し～」

第 13 課　暑假我打算回老家。······················· 66
①必要・義務の助動詞"得""要"　②予定の助動詞"打算"　③当然の助動詞"应该"
④願望の助動詞"想"　⑤介詞"给"

第 14 課　这块石头有多重?······················· 70
①"多"＋形容詞の疑問文　②値段のたずね方と答え方

第 15 課　以后不要再迟到了。······················· 74
①禁止表現"别""不要""别～了"　②不要を表す"不用"　③会話表現：誘いかけ、約束

第 16 課　请给我看看你新买的手机。······················· 78
①動詞の重ね型　②いろいろな連体修飾語と"的"　③会話表現：依頼・要請

Ⅱ

第 17 課　吃了饭再走，不吃不行。······················· 84
① アスペクト助詞"了"　② 副詞"再"

第 18 課　我好像在哪儿见过她。······················· 88
① アスペクト助詞"过"　② 疑問詞の不定用法と疑問詞の呼応　③ 語気助詞"了"

第 19 課　我在玩儿手机游戏。······················· 92
① 進行の副詞"在"　② 時量補語　③ 離合詞

第 20 課　新郎穿着唐装，新娘穿着旗袍。······················· 96
① 動量補語　② アスペクト助詞"着"　③"除了……以外"

第 21 課　他在北京住了三年了。·······················100
①"了"を２回用いる場合　② 快～了，要～了，快要～了，就要～了　③ 祈願文

第 22 課　快下雨了。带好雨伞吧。 ……………………………………104
　① 存現文（自然現象）　② 結果補語　③ 一边～一边～　④ 不但～而且～

第 23 課　我一到冬天就去滑雪。 ……………………………………108
　① 固定表現“越来越…”　② 固定表現“一…就…”　③ 存現文　④ 方向補語

第 24 課　我先把鸡蛋炒了。 ……………………………………………112
　①“把”構文　② 強調の固定表現“连…也”　③ 連動文における“着”　④“是…的”構文

第 25 課　我已经饿死了。 ………………………………………………116
　① 程度補語　② 可能補語

第 26 課　你汉语说得很不错啊！ ……………………………………120
　① 様態補語　② 副詞“才”

第 27 課　妈妈让妹妹去遛狗。 ………………………………………124
　① 兼語文　②“要是…，就…”、“如果…，就…”　③“因为…，所以…”

第 28 課　我的钱包被偷走了。 ………………………………………128
　① 反語の表現“难道…吗”　② 受身文“被”　③ 意味上の受身

Ⅰ　単語索引
Ⅱ　単語索引

1 中国語の音節

◆◇◆◇◆◇◆◇◆◇

① 中国語は漢字で書き表される。

001

漢字は直接音を表現できないので、音を表すためにラテン文字（ローマ字）を使う。

これを"拼音字母"（pīnyīn zìmǔ）、「ピンイン」と呼ぶ。ピンインは、英語のつづりや日本語のローマ字とは大きく異なる。

màn

m （声母＝音節頭の子音）

an （韻母＝母音に相当する部分）

、（声調符号）

② 声調

	ā	á	ǎ	à

第一声	高く平ら	mā
第二声	一気に上昇	má
第三声	低く抑える	mǎ
第四声	一気に下降	mà
軽　声	軽く・短く（前の音節に添える）	māma

😊 練習

Māma mà mǎ.

妈妈　骂　马。

2 韻母　単母音

◆◆◆◆◆◆◆◆◆◆

002

a	口を大きくあけて舌を低くして「アー」
o	唇を丸く突き出して「オー」
e	唇は丸くせず、半開きのまま、喉の方から「ウー」
i	唇を左右に引いて「イー」
u	o よりも唇をさらに丸く突き出して「ウー」
ü	u の口の形のまま、「イー」
er	e を発音してすぐに舌先を反り上げる

😊 **練 習**

003

a	……	ā	á	ǎ	à
o	……	ō	ó	ǒ	ò
e	……	ē	é	ě	è
i	……	yī	yí	yǐ	yì
u	……	wū	wú	wǔ	wù
ü	……	yū	yú	yǔ	yù
er	……	ēr	ér	ěr	èr

※狭い母音（i・u・ü）は、単独で用いる（子音がつかない）とき、書き換える。

発音編

1

9

3 韻母　複母音

① 二重母音

前が広い	ai	ei	ao	ou	
後ろが広い	ia (ya)	ie (ye)	ua (wa)	uo (wo)	üe (yue)

※狭い母音（i・u・ü）は、単独で用いる（子音がつかない）とき、書き換える。

② 三重母音

iao	iou	uai	uei
(yao)	(you)	(wai)	(wei)

※単独で用いる（子音がつかない）とき、書き換える。

※ iou、uei は、子音がつくと主母音の o や e がほとんど聞こえないほど弱くなるので、iu、
　ui とつづる。

練習　005

ai	āi	ái	ǎi	ài		ia	yā	yá	yǎ	yà
ei	ēi	éi	ěi	èi		ie	yē	yé	yě	yè
ao	āo	áo	ǎo	ào		ua	wā	wá	wǎ	wà
ou	ōu	óu	ǒu	òu		uo	wō	wó	wǒ	wò
						üe	yuē	yué	yuě	yuè

練習　006

iao	yāo	yáo	yǎo	yào		uai	wāi	wái	wǎi	wài
iou	yōu	yóu	yǒu	yòu		uei	wēi	wéi	wěi	wèi

練習　……「わたし〜」　007

wǒ ài	wǒ è	wǒ yǒu	yī yuè	èr yuè	wǔ yuè
我 爱	我 饿	我 有	一月	二月	五月

Wǒ yào yú.　　　Wǒ yě yào!
我 要 鱼。　　　我 也 要!

発音編 2

1 声母　子音

008

声母（子音）だけでは発音することが難しいので、決まった母音を付けて練習する。

無気音　　有気音

bo	po	mo	fo
de	te	ne	le
ge	ke	he	
ji	qi	xi	
zhi	chi	shi	ri
zi	ci	si	

① 無気音と有気音

無気音……息を吐き出す音がほとんど聞こえない

有気音……息を吐き出す音が強く聞こえる

② b　p　m　f

009

bo	po	mo	fo	ba - pa	bo - po
bā	pà	bǎo	pǎo	bēi	péi
mǎi	mài	fú	fēi		

③ d　t　n　l

010

de	te	ne	le	da - ta		de - te	
dà	tā	duō	tuō	duì	tuì	dù	tù
nǎ	nǐ	lè	lǚ				

④ g k h

011

ge	ke	he	ge - ke	gu - ku
gěi	kě	hē	hǔ	

⑤ j q x

012

ji	qi	xi	ji - qi	ju - qu	
jī	qī	jù	qù	jié	qié
jì	xù	xué	xiào		

※ j・q・x のあとの ü は、u とつづる。

⑥ zh ch sh r

013

zhi	chi	shi	ri	zhi - chi	zhe - che	
zhā	chā	zhè	chē	zhǔ	chū	zhǎi	chuō
shā	shéi	rì	rè			

⑦ z c s

014

zi	ci	si	zi - ci	za - ca	
zì	cì	zǔ	cū	zuì	cuì
sì	suǒ				

😊 練習

015

sì yuè	liù yuè	qī yuè	bā yuè	jiǔ yuè	shí yuè	shíyī yuè	shí'èr yuè
四月	六月	七月	八月	九月	十月	十一月	十二月

発音編 3

1 -n・-ng（鼻音）を伴う韻母　鼻母音 ◆◆◆◆◆◆◆◆◆◆

016

① 単母音＋鼻音

an - ang	en - eng	ong
in - ing （yin）（ying）	ün （yun）	

※狭い母音（i・ü）で始まる場合、単独で用いる（声母がつかない）とき、書き換える。

※ j・q・x のあとの ün は、un とつづる。

② 複母音＋鼻音

ian - iang （yan）（yang）	uan - uang （wan）（wang）	uen - ueng （wen）（weng）
iong （yong）	üan （yuan）	

☺ 練習

sān - sāng　　　　shēn - shēng　　　　mín - míng

017

cóng　　　　　　qún

2 声調変化と綴り方ルール ◆◇◆◇◆◇◆◇◆◇◆

① 軽声（声調を持たない音）

018

中国語の音節は多くの場合、長く引っ張るように発音されるが、一部の音節は短く・軽く発音される。これを「軽声」と呼ぶ。軽声には決まった高さがなく、前の音に添えるように発音される。

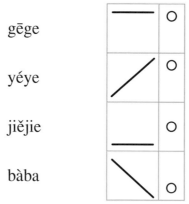

gēge

yéye

jiějie

bàba

② 声調変化

（1）第三声の声調変化

Nǐ hǎo
你 好

※低い音の連続は発音しにくいので、第三声が二つ連続するときは第二声＋第三声に読む。

（2）"不" の声調変化

声調は一般に出現位置などで変化しないが "不" と "一" だけは、後に来る音節の声調によって、声調が変化する。

bù shuō	bù xíng	bù mǎi	bú qù
不说	不行	不买	不去

（3）"一" の声調変化

yìtiān	yìzhí	yìqǐ	yí wèi
一天	一直	一起	一位

yī yuè yī hào　　　dì yī jié
一 月 一 号　　　第 一 节

※序数として使う場合や、数字を単独で読む場合は第一声になる。

③ ピンインつづり規則

(1) i、u、ü のつづり方

● i → y	ia、ie、iao など i で始まる音節は i を y に書き換えて ya、ye、yao のようにつづる。i、in、ing の 3 つの音節は y を書き加えて yi、yin、ying とつづる。
● u → w	ua、uo、uai など u で始まる音節は u を w に書き換えて wa、wo、wai のようにつづる。u は w を書き加えて wu とつづる。
● ü → yu	ü で始まる音節 ü、üe、üan、ün は ü を yu に書き換えて yu、yue、yuan、yun とつづる。
● ü → u	ü が j、q、x の後に来る場合は上のウムラウト（2 つの点）を略して ju、qu、xu のようにつづる。

(2) iou、uei、uen のつづり方

● iou → iu	iou は単独で 1 つの音節をなす場合は you とつづるが、子音と組み合わさって 1 つの音節を作る場合は niou → niu、jiou → jiu のように、o を省いて iu とつづる。（o が弱くなるため）
● uei → ui	uei は単独で 1 つの音節をなす場合は wei とつづるが、子音と組み合わさって 1 つの音節を作る場合は duei → dui、guei → gui のように、e を省いて ui とつづる。（e が弱くなるため）
● uen → un	uen も単独では wen とつづるが、子音と組み合わさった場合は duen → dun、guen → gun のように、e を省いて un とつづる。

(3) 隔音符号

a、o、e で始まる音節が第二音節以下に来たときに隔音符号 " ' "（アポストロフィ）を付け、音節の区切りをあらわす。

例 nǚ'ér　　pínɡ'ān

(4) 声調符号の位置

○母音字がひとつなら、その上につける。i の上につける場合は点をつけないで声調符号をつける。

例 mǎ　　shì　　hē　　xí

○複母音や鼻音を伴うなら、一番左側の母音につける。

例 tài　　shēng　　dōu　　dùn

○ただし、一番左側の母音が i、u、ü なら、一つ右に移動。

例 shuāi　　xuǎn　　jiā　　duì　　diū

◆ 数を数えてみよう

019

yī	èr	sān	sì	wǔ	liù	qī	bā	jiǔ	shí
一	二	三	四	五	六	七	八	九	十

◆ 二音節の声調の組み合わせ

020

	第1声	第2声	第3声	第4声	軽声
第1声	jīntiān 今天	Zhōngguó 中国	Xiānggǎng 香港	gōngzuò 工作	māma 妈妈
第2声	Táiwān 台湾	hóngchá 红茶	cídiǎn 词典	xuéxiào 学校	yéye 爷爷
第3声	Běijīng 北京	Měiguó 美国	Měnggǔ 蒙古	wǔfàn 午饭	jiějie 姐姐
第4声	qìchē 汽车	dàxué 大学	Rìběn 日本	Yìndù 印度	bàba 爸爸

◆ 「三文字」を読む

021

pǔtōnghuà	jiǎntǐzì	yǒu yìsi
普通话	简体字	有 意思

duìbuqǐ	méi guānxi
对不起	没 关系

zuò fēijī	mǎi cídiǎn	chī jiǎozi	qù Hánguǎn
坐 飞机	买 词典	吃 饺子	去 函馆

huí Zháhuǎng	hē kāfēi	xiě bàogào	dǎ páiqiú
回 札幌	喝 咖啡	写 报告	打 排球

本編
I

第 **1** 课

课文　　　**我吃拉面。**

022

Wǒ　qù　Dōngjīng.
我　去　东京。

Tā　qù　shítáng.
他　去　食堂。

Wǒ　hē　kāfēi.
我　喝　咖啡。

Tā　hē　hóngchá.
他　喝　红茶。

Wǒ　chī　lāmiàn.
我　吃　拉面。

Wǒ　bù　chī　chǎofàn.
我　不　吃　炒饭。

Lǎoshī　shuō　Yīngyǔ　ma?　Wǒ　bù　shuō　Yīngyǔ.　Wǒ　shuō　Hànyǔ.
老师　说　英语　吗?　我　不　说　英语。我　说　汉语。

Nǐmen　yào　jiǎozi　ma?　Yào,　wǒmen　yào　jiǎozi.
你们　要　饺子　吗?　要，我们　要　饺子。

　　　　　　　　　　Bú　yào,　wǒmen　bú　yào　jiǎozi.
　　　　　　　　　　不　要，我们　不　要　饺子。

生 词

笔记本 名 bǐjìběn	铃木 固 Língmù	她 代 tā
不 副 bù	刘文正 固 Liú Wénzhèng	太极拳 名 tàijíquán
炒饭 名 chǎofàn	吗 助 ma	他们 代 tāmen
吃 动 chī	-们 尾 -men	她们 代 tāmen
邓丽君 固 Dèng Lìjūn	你们 代 nǐmen	它们 代 tāmen
东京 固 Dōngjīng	您 代 nín	汤 名 tāng
汉语 固 Hànyǔ	牛奶 名 niúnǎi	汤姆 固 Tāngmǔ
喝 动 hē	啤酒 名 píjiǔ	图书馆 名 túshūguǎn
红茶 名 hóngchá	普通话 名 pǔtōnghuà	我 代 wǒ
饺子 名 jiǎozi	汽水 名 qìshuǐ	我们 代 wǒmen
咖啡 名 kāfēi	去 动 qù	学 动 xué
开车 组 kāichē	日语 固 Rìyǔ	要 动 yào
可乐 名 kělè	生词 名 shēngcí	英语 固 Yīngyǔ
课文 名 kèwén	食堂 名 shítáng	饮料 名 yǐnliào
拉面 名 lāmiàn	说 动 shuō	佐藤 固 Zuǒténg
老师 名 lǎoshī	酸奶 名 suānnǎi	
练习 动 liànxí	他 代 tā	

学習のポイント

024

❶ 人称代詞（代名詞）

	一人称	二人称	三人称
単数	wǒ 我	nǐ/nín 你／您	tā 他／她／它
複数	wǒmen 我们	nǐmen 你们	tāmen 他们／她们／它们

※中国語は、一般に単複・性別などで語形が変化することはないが、一部の人を表す名詞
（代詞含む）については、-们を付けることで、複数であることを示す。(例:"老师们"先生方)

❷ 動詞述語文　主語＋動詞＋目的語　（いわゆるＳＶＯ）

S	V	O
wǒ　nǐ　tā 我・你・她・ tāmen　lǎoshī 他们・老师	chī　hē　shuō 吃・喝・说・ yào　qù 要・去	lāmiàn　kāfēi　Hànyǔ 拉面・咖啡・汉语・ bǐjìběn　túshūguǎn 笔记本・图书馆

※語を入れ替えて、いろいろな文を作ってみよう。

❸ "吗" 疑問文（Yes-No で答える）

Nǐ　hē　hóngchá　ma?
你　喝　红茶　吗？

Tā　shuō　Yīngyǔ　ma?
他　说　英语　吗？

❹ 動詞述語文の否定　主語＋"不"＋動詞＋目的語

Wǒ　bù　chī　jiǎozi.
我　不　吃　饺子。

Tā　bù　hē　kāfēi.
她　不　喝　咖啡。

Wǒ　bù　shuō　Yīngyǔ.
我　不　说　英语。

Wǒ　bú　yào　niúnǎi.
我　不　要　牛奶。

❶ 文を作ってみよう。

誰が "学" ?

Língmù	Zuǒténg
铃木	佐藤

Liú Wénzhèng	Dèng Lìjūn	Tāngmǔ
刘文正	邓丽君	汤姆

何を "学" ?

Rìyǔ	Yīngyǔ	tàijíquán	kāichē	pǔtōnghuà
日语	英语	太极拳	开车	普通话

何を "喝" ?

kāfēi	píjiǔ	niúnǎi	yǐnliào	qìshuǐ	kělè
咖啡	啤酒	牛奶	饮料	汽水	可乐

suānnǎi	tāng
酸奶	汤

❷ (宿題) 自分の名前の簡体字や中国語読みを、ネットを利用して調べよう。

「日本 人名 中国語」と検索すれば、「日本人名」→「中国語」(ピンイン) の変換サイトがみつかるので、姓名を日本語入力する。名前に、ひらがな、カタカナ、英字などを含む場合は、担当の先生に相談すること。

第1课

 这是我的。

Nǐ jiào shénme míngzi?
你 叫 什么 名字？

025

Wǒ jiào Lǐ Xiǎolóng.
我 叫 李 小龙。

Nǐ shì Zhōngguórén ma?
你 是 中国人 吗？

Bù, wǒ bú shì Zhōngguórén. Wǒ shì Rìběnrén.
不，我 不 是 中国人。我 是 日本人。

Zhè shì nǐ de shū ma?
这 是 你 的 书 吗？

Shì, zhè shì wǒ de shū.
是，这 是 我 的 书。

Nà shì nǐ de shū ma?
那 是 你 的 书 吗？

Bú shì, nà bú shì wǒ de. Shì tā de.
不 是，那 不 是 我 的。是 他 的。

生词

026

爸爸 名 bàba	课本 名 kèběn	什么 代 shénme
大家 名 dàjiā	李小龙 固 Lǐ Xiǎolóng	是 动 shì
大熊猫 名 dàxióngmāo	猫 名 māo	书 名 shū
大学 名 dàxué	毛毛 固 Máomao	书包 名 shūbāo
的 助 de	咪咪 固 Mīmi	同学 名 tóngxué
多 形 duō	名字 名 míngzi	香香 固 Xiāngxiang
高兴 形 gāoxìng	那 代 nà	姓 动 xìng
狗 名 gǒu	你好 组 nǐhǎo	学生 名 xuésheng
贵姓 组 guìxìng	朋友 名 péngyou	优子 固 Yōuzǐ
好 形 hǎo	请 动 qǐng	这 代 zhè
很 副 hěn	人工智能 名 réngōng zhìnéng	指教 动 zhǐjiào
华生 固 Huáshēng	认识 动 rènshi	中国 固 Zhōngguó
家 名 jiā	日本 固 Rìběn	中国人 固 Zhōngguórén
叫 动 jiào	日本人 固 Rìběnrén	

学習のポイント

027

❶ 名前の聞き方、言い方

中国人は同姓が多いので、フルネームで呼ぶことが多い。同世代であれば敬称はつけない。
日本人の氏名も一般に中国漢字音で読まれる。

Nín guìxìng?　　Wǒ xìng Zuǒténg, jiào Zuǒténg Yōuzǐ.
您 贵姓? — 我 姓 佐藤, 叫 佐藤 优子。(ややフォーマルな言い方)

Nǐ jiào shénme míngzi?　　Wǒ jiào Zuǒténg Yōuzǐ.
你 叫 什么 名字? — 我 叫 佐藤 优子。　(普通の言い方)

第2课

23

❷ 指示代詞

近称（こ）	遠称（あ）	不定称（ど）
这 zhè	那 nà	哪 nǎ
这个 zhège/zhèige	那个 nàge/nèige	哪个 nǎge/něige

Zhè shì kèběn.
这 是 课本。

Zhège hǎo, nàge bù hǎo.
这个 好，那个 不 好。

Nǐ yào nǎge?
你 要 哪个？

Tā shì nǎ guó rén?
他 是 哪 国 人？

❸ 「〜は…です」の動詞 "是"

Zhè shì shū.
这 是 书。

Wǒ shì xuésheng.
我 是 学生。

Tā shì Zhōngguórén.
他 是 中国人。

❹ 連体修飾語を作る助詞 "的"

Zhè shì nǐ de shūbāo ma?
这 是 你 的 书包 吗？

Bù, zhè bú shì wǒ de, shì tā de.
不，这 不 是 我 的，是 他 的。

人称代詞が名詞を修飾していて、その名詞との間に「親族関係・人間関係・所属先」といった関係がある場合には、"的" を省略する。所属先の場合、通常人称代詞は複数形。

wǒ bàba   wǒ péngyou   nǐ jiā   wǒmen dàxué
我 爸爸   我 朋友   你 家   我们 大学

❶ 自己紹介をしてみよう

Nǐ(men)　hǎo!　 / Dàjiā　hǎo!　/Tóngxuémen　hǎo!
你（们）好! ／ 大家 好! ／ 同学们 好!

Wǒ　jiào
我　叫　　漢字氏名＿＿＿＿＿＿＿＿＿＿＿　ピンイン＿＿＿＿＿＿＿＿＿＿＿＿＿＿。

Rènshi　nǐmen　hěn　gāoxìng.
认识 你们 很 高兴。

Qǐng　duō　zhǐjiào.
请 多 指教。

❷ どなたですか？

Wǒ　jiào　Mīmi.　Wǒ　shì　māo.
我 叫 咪咪。我 是 猫。

Wǒ　jiào　Xiāngxiang.　Wǒ　shì　dàxióngmāo.
我 叫 香香。 我 是 大熊猫。

Wǒ　jiào　Máomao.　Wǒ　shì　gǒu.
我 叫 毛毛。我 是 狗。

Wǒ　jiào　Huáshēng.　Wǒ　shì　réngōng　zhìnéng.
我 叫 华生。我 是 人工 智能。

❸ 友だちや家族の名前の中国語読みを調べてみよう
　街の看板などの漢字を中国語で読んでみよう

日本人は小学生の時からずっと漢字を使っています。中国で用いられている文字とは字体こそ異なるものの、共通する漢字がたくさん使われています。私たちが中国語の学習をするとき、それを使わない手はありません。
日本漢字から中国語のピンインを調べることのできる Web サイトがあります。
中国語教師用クラス名簿一発作成ツール
http://www1.lang.osaka-u.ac.jp/user/suzukish/chinese/manMeibo.htm
このようなサイトを利用して、ピンインを調べ、いろいろな「日本語」（特に固有名詞）を中国語で読んでみましょう。

那是谁的课本？

Zhè shì shénme?
这 是 什么？

Zhè shì diànzǐ cídiǎn.
这 是 电子 词典。

Nà shì shénme shū?
那 是 什么 书？

Nà shì Hànyǔ kèběn.
那 是 汉语 课本。

Zhè shì shéi de kèběn?
这 是 谁 的 课本？

Zhè shì wǒ de.
这 是 我 的。

028

ミニダイアログ

029

Yí, wǒ de yǎnjìng ne?
A: 咦，我 的 眼镜 呢？

Nà shì bu shì nǐ de yǎnjìng?
B: 那 是 不 是 你 的 眼镜？

Ō, xièxie, zhè shì wǒ de.
A: 噢，谢谢，这 是 我 的。

生词

报纸 名 bàozhǐ	法语 固 Fǎyǔ	谁 代 shéi / shuí
笔 名 bǐ	韩语 固 Hányǔ	手机 名 shǒujī
词典 名 cídiǎn	汉英词典 名 Hàn-Yīng cídiǎn	小林 固 Xiǎolín
德语 固 Déyǔ	李英 固 Lǐ Yīng	西班牙语 固 Xībānyáyǔ
电子词典 名 diànzǐ cídiǎn	留学生 名 liúxuéshēng	谢谢 组 xièxie
豆浆 名 dòujiāng	呢 助 ne	眼镜 名 yǎnjìng
俄语 固 Éyǔ	噢 嘆 ō	咦 嘆 yí

第 **3** 课

学習のポイント

❶ 疑問詞 "什么" 「なに？」「なんの〜？」

Zhè　shì　shénme?　　　　Zhè　shì　dòujiāng.
这　是　什么？　—　这　是　豆浆。

Nà　shì　shénme　cídiǎn?　　　Nà　shì　Hàn-Yīng　cídiǎn.
那　是　什么　词典？　—　那　是　汉英　词典。

❷ 疑問詞 "谁" 「だれ？」

Tā　shì　shéi?　　　Tā　shì　Lǐ　Yīng,　shì　wǒmen　de　Hànyǔ　lǎoshī.
她　是　谁？　—　她　是　李　英，是　我们　的　汉语　老师。

Zhè　shì　shéi　de　bǐjìběn?　　　Shì　tā　de.
这　是　谁　的　笔记本？　—　是　她　的。

❸ "呢" 省略疑問文

Wǒ shì Rìběnrén, nǐ ne?
我 是 日本人, 你 呢?

Wǒ de shǒujī ne?
我 的 手机 呢?

❹ 正反疑問文

述語の動詞・形容詞の肯定形と否定形を並べると、Yes-No で答える疑問文ができる。
しばしば、「～ではないか」という確認の語気を含む。

shì bu shì   chī bu chī   yào bu yào
是 不 是   吃 不 吃   要 不 要

Nà shì bu shì nǐ de yǎnjìng?
那 是 不 是 你 的 眼镜?

Nǐ shì bu shì liúxuéshēng?
你 是 不 是 留学生?

❶ 何の〜？

A：これは何の〜ですか。

B：これは○○の〜です。

Hànyǔ	Yīngyǔ	Déyǔ	Fǎyǔ	Éyǔ	Xībānyáyǔ	Hányǔ
汉语	英语	德语	法语	俄语	西班牙语	韩语

cídiǎn	kèběn	shū	bàozhǐ
词典	课本	书	报纸

❷ 誰のですか

A：これは誰の〜ですか？

B：これは○○の〜です。

shūbāo	shǒujī	Hànyǔ cídiǎn	bǐ
书包	手机	汉语 词典	笔

wǒ	nǐ	tā	tā	Xiǎolín	Zuǒténg	Lǐ lǎoshī
我	你	他	她	小林	佐藤	李老师

第3课

 课文

汉语语法不太难。

A：Tiánzhōng, hǎo jiǔ bú jiàn le!
田中，好 久 不 见 了！

🎧 032

B：À, Lǐ Yīng, hǎo jiǔ bú jiàn le!
啊，李 英，好 久 不 见 了！

A：Nǐ zuìjìn zěnmeyàng?
你 最近 怎么样？

B：Wǒ hěn hǎo, nǐ ne?
我 很 好，你 呢？

A：Wǒ yě hěn hǎo. Nǐ xuéxí máng ma?
我 也 很 好。你 学习 忙 吗？

B：Wǒ xuéxí hěn máng.
我 学习 很 忙。

A：Hànyǔ zěnmeyàng? Nán ma?
汉语 怎么样？难 吗？

B：Hànyǔ fāyīn hěn nán, yǔfǎ bú tài nán.
汉语 发音 很 难，语法 不 太 难。

Xuéxí Hànyǔ hěn yǒu yìsi.
学习 汉语 很 有 意思。

生 词

啊 嘆 à

啊 助 a

白 形 bái

蹦蹦跳跳 形 bèngbèng tiàotiào

长 形 cháng

胆子 名 dǎnzi

短 形 duǎn

耳朵 名 ěrduo

发音 名 fāyīn

非常 副 fēicháng

工作 名·動 gōngzuò

还 副 hái

好 副 hǎo

红 形 hóng

见 動 jiàn

家务 名 jiāwù

今天 名 jīntiān

久 形 jiǔ

可以 形 kěyǐ

了 助 le

凉快 形 liángkuai

忙 形 máng

毛衫 名 máoshān

难 形 nán

暖和 形 nuǎnhuo

热 形 rè

人 名 rén

太 副 tài

天气 名 tiānqì

田中 固 Tiánzhōng

尾巴 名 wěiba

小 形 xiǎo

喜欢 動 xǐhuan

学习 名·動 xuéxí

眼睛 名 yǎnjing

也 副 yě

有意思 組 yǒu yìsi

语法 名 yǔfǎ

怎么样 代 zěnmeyàng

最近 名 zuìjìn

第4课

学習のポイント

❶ 疑問詞 "怎么样"

Hànyǔ zěnmeyàng?　　Hànyǔ hěn nán.
汉语 怎么样?　——　汉语 很 难。

Zěnmeyàng a?　　Hái kěyǐ.
怎么样 啊?　——　还 可以。

❷ 形容詞述語文

肯定の平叙文の場合、形容詞の前に副詞を必要とする。
特に程度を強める必要が無い場合も、形式を整えるために、"很"を置く。

Hànyǔ hěn nán.
汉语 很 难。

Nǐ máng ma?   Wǒ hěn máng.
你 忙 吗? — 我 很 忙。

❸ 主述述語文

「象は鼻が長い」型の文。

Nǐ xuéxí máng ma?   Wǒ xuéxí fēicháng máng.
你 学习 忙 吗? — 我 学习 非常 忙。

Hànyǔ fāyīn hěn nán, yǔfǎ bú tài nán.
汉语 发音 很 难, 语法 不 太 难。

谜语 míyǔ

Ěrduo cháng, wěiba duǎn, dǎnzi xiǎo,
耳朵 长, 尾巴 短, 胆子 小,

hóng yǎnjing, bái máoshān, bèngbèng tiàotiào rén xǐhuan.
红 眼睛, 白 毛衫, 蹦蹦 跳跳 人 喜欢。

① なにが忙しいの？

Nǐ   zuìjìn   máng   shénme?
你   最近   忙   什么?

xuéxí   gōngzuò   jiāwù
学习   工作   家务

② 今日の天気は？

Jīntiān   tiānqì   zěnmeyàng?
今天   天气   怎么样?

hěn rè   bú tài rè   bù liángkuai   hěn nuǎnhuo
很 热   不 太 热   不 凉快   很 暖和

第 **4** 课

课 文

他今年四十六岁。

035

Nǐ jiā jǐ kǒu rén?
A：你 家 几 口 人？

Sì kǒu rén.
B：四 口 人。

Dōu yǒu shéi?
A：都 有 谁？

Bàba、 māma、 jiějie hé wǒ.
B：爸爸、妈妈、姐姐 和 我。

Nǐ bàba jīnnián duōdà suìshu?
A：你 爸爸 今年 多大 岁数？

Tā jīnnián sì shi liù suì.
B：他 今年 四 十 六 岁。

Nǐ jīnnián duōdà?
A：你 今年 多大？

Wǒ jīnnián shí jiǔ suì.
B：我 今年 十 九 岁。

Tā shì nǐ zhízi ma? Zhēn kě'ài! Tā jǐ suì?
A：他 是 你 侄子 吗？ 真 可爱！ 他 几 岁？

Tā shì wǒ gēge de érzi, jīnnián wǔ suì.
B：他 是 我 哥哥 的 儿子，今年 五 岁。

生词

弟弟 名 dìdi	今年 名 jīnnián	相机 名 xiàngjī
都 副 dōu	可爱 形 kě'ài	兄弟姐妹 名 xiōngdì jiěmèi
多大 代 duōdà	口 量 kǒu	爷爷 名 yéye
儿子 名 érzi	妈妈 名 māma	有 動 yǒu
个 量 ge	没 副 méi	赵朋 固 Zhào Péng
哥哥 名 gēge	妹妹 名 mèimei	真 副 zhēn
孩子 名 háizi	摩托车 名 mótuōchē	侄子 名 zhízi
和 接 hé	汽车 名 qìchē	自行车 名 zìxíngchē
几 代 jǐ	岁 量 suì	
姐姐 名 jiějie	岁数 名 suìshu	

036

第 5 課

学習のポイント

037

❶ 数字の数え方：二ケタまでは日本語とほぼ同じ

36 → 三十六 → さん・じゅう・ろく（漢数字にして、一文字ずつ読む）

中国語も同じ（ただし、真ん中の十は軽声になることが多い）

sān　shí　liù
36 → 三・十・六 → sānshiliù

❷ 量詞（助数詞）数える単位

ge　　kǒu
个　　口

❸ 名詞述語文　年齢・家族の人数・日付・時刻など

Nǐ jiā jǐ kǒu rén?　　　Wǒ jiā wǔ kǒu rén.
你 家 几 口 人? —— 我 家 五 口 人。

Nǐ jīnnián duōdà?　　　Wǒ jīnnián shíjiǔ suì.
你 今年 多大? —— 我 今年 十九 岁。

❹ 存在・所有の動詞 "有"

（家に）あります、所有しています、（家族に）います

Wǒ yǒu yí ge dìdi hé yí ge mèimei.
我 有 一 个 弟弟 和 一 个 妹妹。

Wǒ yǒu shǒujī, hái yǒu mótuōchē.
我 有 手机，还 有 摩托车。

否定は "没有"

Wǒ méiyǒu xiōngdì jiěmèi.
我 没有 兄弟 姐妹。

❺ 年齢の聞き方・言い方

a 同世代、一般的な聞き方「何歳？」

Nǐ jīnnián duōdà?
你 今年 多大？

b 年配の人・目上の人への丁寧な聞き方「おいくつですか？」

Nǐ bàba jīnnián duōdà suìshu?   Nín jīnnián duōdà suìshu?
你 爸爸 今年 多大 岁数？   您 今年 多大 岁数？

c 明らかに10歳未満の子ども「いくつ？」

Nǐ háizi jǐ suì?
你 孩子 几 岁？

❶ もっていますか … ／いますか（人の場合）

gēge	jiějie	dìdi	mèimei
哥哥	姐姐	弟弟	妹妹

shǒujī	xiàngjī	mótuōchē	qìchē	zìxíngchē	cídiǎn	kèběn
手机	相机	摩托车	汽车	自行车	词典	课本

❷ 年齢の聞き方、答え方を覚えましょう

李老师 (55)	赵朋 (21)	爷爷 (78)	香香 (3)
Lǐ lǎoshī	Zhào Péng	yéye	Xiāngxiang

第 **5** 课

第6课

课文

五月十五号星期几？

🎧 038

Lǐ Yīng de shēngrì shì nǎ yì tiān?
A：李英 的 生日 是 哪 一 天？

Wǔ yuè shí wǔ hào.
B：五月 十 五 号。

Jīntiān jǐ yuè jǐ hào?
A：今天 几 月 几 号？

Jīntiān wǔ yuè qī hào.
B：今天 五月 七 号。

Wǔ yuè shíwǔ hào xīngqī jǐ?
A：五月 十五 号 星期 几？

Xīngqī wǔ.
B：星期五。

Nà xià xīngqī wǔ wǒmen yìqǐ qù chàng gē,
A：那 下 星期五 我们 一起 去 KTV 唱 歌，

zěnmeyàng?
怎么样？

Búcuò. Dōu yāoqǐng shéi?
B：不错。 都 邀请 谁？

生词

不错 形 búcuò	开 动 kāi	上学 动 shàngxué
唱 动 chàng	课 名 kè	圣诞节 固 Shèngdànjié
重阳节 固 Chóngyángjié	聊天 动 liáotiān	生日 名 shēngrì
春节 固 Chūnjié	明年 名 míngnián	体育馆 名 tǐyùguǎn
打 动 dǎ	明天 名 míngtiān	下 名 xià
端午节 固 Duānwǔjié	那 接 nà	星期 名 xīngqī
对 形 duì	哪一天 组 nǎ yì tiān	邀请 动 yāoqǐng
儿童节 固 Értóngjié	派对 名 pàiduì	一起 副 yìqǐ
饭 名 fàn	排球 名 páiqiú	元旦 固 Yuándàn
歌 名 gē	清明节 固 Qīngmíngjié	月 名 yuè
国庆节 固 Guóqìngjié	情人节 固 Qíngrénjié	中秋节 固 Zhōngqiūjié
号 量 hào	上 名 shàng	
KTV 名	上 动 shàng	

第 **6** 课

学習のポイント

❶ 日付の言い方

Jīntiān jǐ yuè jǐ hào?　　　　Jīntiān wǔ yuè yī hào.
今天 几 月 几 号?　-　今天 五月 一 号。

※月は 12、日は 31 まであるが、「上限がはっきりした比較的小さな数」なので、全て"几"
　で尋ねる。

❷ 曜日の言い方

Míngtiān xīngqī jǐ?　　　　xīngqī'èr.
明天 星期 几?　-　星期二。

xīngqī yī	xīngqī'èr	xīngqī sān	xīngqī sì	xīngqī wǔ	xīngqī liù	xīngqī tiān	xīngqī rì
星期一	星期二	星期三	星期四	星期五	星期六	星期天	（星期日）

❸ 時間詞　昨日・今日・明日

年	qiánnián 前年	qùnián 去年	jīnnián 今年	míngnián 明年	hòunián 后年
月	shàngshànggeyuè 上上个月	shànggeyuè 上个月	zhègeyuè 这个月	xiàgeyuè 下个月	xiàxiàgeyuè 下下个月
週	shàngshàng(ge)xīngqī 上上（个）星期	shàng(ge)xīngqī 上（个）星期	zhè(ge)xīngqī 这（个）星期	xià(ge)xīngqī 下（个）星期	xiàxià(ge)xīngqī 下下（个）星期
日	qiántiān 前天	zuótiān 昨天	jīntiān 今天	míngtiān 明天	hòutiān 后天

Wǒ jīntiān shàng Hànyǔ kè.
我 今天 上 汉语 课。

Tā míngtiān bú shàngxué.
他 明天 不 上学。

❹ 文末付加型疑問文　相手の意向を尋ねる

Wǒmen kāi ge pàiduì, zěnmeyàng?
我们 开 个 派对，怎么样？

zěnmeyàng?
～，怎么样？

hǎo bu hǎo?
～，好 不 好？

hǎo ma?
～，好 吗？

duì bu duì?
～，对 不 对？

duì ma?
～，对 吗？

❶ 祝日・記念日

Chūnjié jǐ yuè jǐ hào?
A：春节 几 月 几 号？

Míngnián èr yuè shí'èr hào, xīngqī wǔ.
B：明年 二月 十二 号，星期五。

Yuándàn	Guóqìngjié	Qīngmíngjié	Duānwǔjié	Zhōngqiūjié	Chóngyángjié
元旦	国庆节	清明节	端午节	中秋节	重阳节

Rìběn Értóngjié　Shèngdànjié　Qíngrénjié
日本儿童节　圣诞节　情人节

❷ 誕生日を聞いてみよう

Nǐ de shēngrì jǐ yuè jǐ hào?
A：你 的 生日 几 月 几 号？

Wǒ de shēngrì jiǔ yuè sì hào.
B：我 的 生日 九 月 四 号。

❸ 誘ってみよう「〜へ行って、○○しませんか」

どこへ？
友だちの家　食堂　体育館　…

何を？
おしゃべりする　ご飯を食べる　パーティを開く　バレーボールをする　…

第6课

41

第7課

课文 **房间里没有人。**

課文　a存在　b所在　くらべてみれば

🎧 041

Fángjiān lǐ méiyǒu rén.
a. 房间 里 没有 人。

Tā zài fángjiān lǐ.
b. 他 在 房间 里。

Shūjià shàng yǒu hěn duō shū.
a. 书架 上 有 很 多 书。

Nà běn cídiǎn zài shūjià shàng.
b. 那 本 词典 在 书架 上。

Chōuti lǐ yǒu yì zhāng zhàopiàn.
a. 抽屉 里 有 一 张 照片。

Yàoshi zài chōuti lǐ.
b. 钥匙 在 抽屉 里。

Diànshìtǎ qián yǒu hěn duō rén.
a. 电视塔 前 有 很 多 人。

Zháhuǎng diànshìtǎ zài Dàtōng gōngyuán dōngbiān.
b. 札幌 电视塔 在 大通 公园 东边。

Zhèr yǒu xǐshǒujiān ma?
a. 这儿 有 洗手间 吗?

Xǐshǒujiān zài nǎr?
b. 洗手间 在 哪儿?

42

生 词

北海道 固 Běihǎidào	巨蛋 名 jùdàn	洗手间 名 xǐshǒujiān
本 量 běn	咖啡店 名 kāfēidiàn	钥匙 名 yàoshi
餐厅 名 cāntīng	里 名 lǐ	银行 名 yínháng
抽屉 名 chōuti	里边儿 名 lǐbiānr	邮局 名 yóujú
大通 固 Dàtōng	那儿 代 nàr	在 动 zài
电脑 名 diànnǎo	哪儿 代 nǎr	札幌 固 Zháhuǎng
电视塔 名 diànshìtǎ	旁边儿 名 pángbiānr	张 量 zhāng
东边 名 dōngbiān	前 名 qián	照片 名 zhàopiàn
对面 名 duìmiàn	前边儿 名 qiánbiānr	这里 代 zhèli
房间 名 fángjiān	书架 名 shūjià	这儿 代 zhèr
附近 名 fùjìn	台 量 tái	中间 名 zhōngjiān
公园 名 gōngyuán	外边儿 名 wàibiānr	钟楼 固 Zhōnglóu
酒店 名 jiǔdiàn	小卖部 名 xiǎomàibù	桌子 名 zhuōzi

第 7 課

学習のポイント

❶ 方位詞

単音節型	shàng 上	xià 下	qián 前	hòu 后	lǐ 里	wài 外
二音節型	shàngbiānr 上边儿	xiàbiānr 下边儿	qiánbiānr 前边儿	hòubiānr 后边儿	lǐbiānr 里边儿	wàibiānr 外边儿
単音節型	dōng 东	nán 南	xī 西	běi 北	zuǒ 左	yòu 右
二音節型	dōngbiānr 东边儿	nánbiānr 南边儿	xībiānr 西边儿	běibiānr 北边儿	zuǒbiānr 左边儿	yòubiānr 右边儿

pángbiānr	zhōngjiān	duìmiàn	fùjìn
旁边儿	中间	对面	附近

43

Qiánbiānr yǒu yì zhāng zhuōzi.
前边儿 有 一 张 桌子。 ×前有一张桌子。

Zhuōzi shàng yǒu yì tái diànnǎo.
桌子 上 有 一 台 电脑。 ×桌子有一台电脑。

❷ 存在を表す動詞"有" 場所＋"有"＋もの／人

Fángjiān lǐ méiyǒu rén.
房间 里 没有 人。

Shūjià shàng yǒu hěn duō shū.
书架 上 有 很 多 书。

❸ 所在を表す動詞"在" もの／人＋"在"＋場所

Nà běn cídiǎn zài shūjià shàng.
那 本 词典 在 书架 上。

Xǐshǒujiān zài zhèli.
洗手间 在 这里。

❹ 場所を表す指示詞

近称（こ）	遠称（あ）	不定称（ど）
zhèr zhèli 这儿・这里	nàr nàli 那儿・那里	nǎr nǎli 哪儿・哪里

Xǐshǒujiān zài nǎr?
洗手间 在 哪儿？

Zài nàr.
在 那儿。

❶ 場所をたずねる（1）── 近くに（这 附近）○○はありますか。
_{zhè fùjìn}

yóujú	yínháng	kāfēidiàn	cāntīng	jiǔdiàn
邮局	银行	咖啡店	餐厅	酒店

❷ 場所をたずねる（2）── △△はどこですか。

Běihǎidào	dàxué	yínháng	Zhōnglóu	Zháhuǎng	jùdàn	xǐshǒujiān
北海道	大学	银行	钟楼	札幌	巨蛋	洗手间

túshūguǎn	xiǎomàibù	shítáng
图书馆	小卖部	食堂

课 文

下学以后去体育馆打篮球。

044

Nǐ měitiān jǐ diǎn qǐchuáng?
A：你 每天 几 点 起床？

Wǒ měitiān qī diǎn qǐchuáng.
B：我 每天 七 点 起床。

Nǐ zǎofàn chī shénme?
A：你 早饭 吃 什么？

Wǒ hē yì bēi niúnǎi, chī sān piàn miànbāo、 yì gēn
B：我 喝 一 杯 牛奶， 吃 三 片 面包、 一 根

xiāngcháng、 liǎng ge jiānjīdàn hé yí fèn shālā.
香肠、 两 个 煎鸡蛋 和 一 份 沙拉。

Nàme duō! Wǒ zhǐ hē yì bēi hēi kāfēi. Nǐ jǐ diǎn
A：那么 多！ 我 只 喝 一 杯 黑 咖啡。 你 几 点

shàngxué?
上学？

Wǒ měitiān bā diǎn shàngxué.
B：我 每天 八 点 上学。

Jǐ diǎn xiàxué?
A：几 点 下学？

Sì diǎn bàn. Xiàxué yǐhòu qù tǐyùguǎn dǎ lánqiú.
B：四 点 半。 下学 以后 去 体育馆 打 篮球。

Nǐ yě lái cānjiā ba!
你 也 来 参加 吧！

生词

045

吧 助 ba	黑 形 hēi	起床 动 qǐchuáng
半 数 bàn	煎 动 jiān	沙拉 名 shālā
杯 量 bēi	鸡蛋 名 jīdàn	上课 动 shàngkè
便利店 名 biànlìdiàn	节 量 jié	午饭 名 wǔfàn
必修 动 bìxiū	开始 动 kāishǐ	香肠 名 xiāngcháng
参加 动 cānjiā	看 动 kàn	下午 名 xiàwǔ
差 形 chà	刻 量 kè	下学 动 xiàxué
打工 动 dǎgōng	来 动 lái	休息 动 xiūxi
第- 头 dì-	篮球 名 lánqiú	选修 动 xuǎnxiū
点 量 diǎn	两 数 liǎng	以后 名 yǐhòu
分 量 fēn	每天 名 měitiān	早饭 名 zǎofàn
份 量 fèn	面包 名 miànbāo	只 副 zhǐ
根 量 gēn	那么 代 nàme	
果汁 名 guǒzhī	片 量 piàn	

学習のポイント

046

❶ 時刻の言い方

7:00	8:15	9:30	10:45	11:55
qī diǎn (zhōng) 七 点 （钟）	bā diǎn shíwǔ fēn 八 点 十五 分	jiǔ diǎn sānshi fēn 九 点 三十 分	shí diǎn sìshiwǔ fēn 十 点 四十五 分	shíyī diǎnwǔshiwǔ fēn 十一 点 五十五 分
	bā diǎn yí kè 八 点 一 刻	jiǔ diǎn bàn 九 点 半	shí diǎn sān kè 十 点 三 刻	chà wǔ fēn shí'èr diǎn 差 五 分 十二 点

※ 2:30 两点半 「2時」は、"二点"ではなく"两点"。

❷ 「いつ」の位置

Wǒ míngtiān shàngxué.
我 明天 上学。

Xīngqī liù hé xīngqī tiān xuéxiào xiūxi.
星期六 和 星期天 学校 休息。

❸ 連動文

Xiàxué yǐhòu qù biànlìdiàn dǎgōng.
下学 以后 去 便利店 打工。

❹ 量詞

yì bēi niúnǎi   yì bēi hēi kāfēi   liǎng bēi hóngchá   liǎng bēi guǒzhī
一 杯 牛奶   一 杯 黑 咖啡   两 杯 红茶   两 杯 果汁

yí ge jiānjīdàn   yí piàn miànbāo   yì gēn xiāngcháng   yí fèn shālā
一 个 煎鸡蛋   一 片 面包   一 根 香肠   一 份 沙拉

❺ "二"と"两"

liǎng   liǎng jié kè
两 ：数量を言う   两 节 课

èr   dì-èr jié
二 ：数字を言う、順番を言う   第 二 节

❶ 私の一日 —— 中国語で何と言うか調べてみよう

（起きる）

（学校に行く）

（お昼ご飯）

（授業に出る）

（学校が終わる）

（バイトする）

❷ 学校生活でよく使う表現を順不同で並べてある

（1）意味を調べてみよう。

（2）これらを参考に、必要な例文を補ってダイアログを作り、発音・会話してみよう。

Wǒ yí ge xīngqī yǒu sān jié Hànyǔ kè.
我 一 个 星 期 有 三 节 汉语 课。

Wǒ jīntiān yǒu liǎng jié Hànyǔ kè.
我 今 天 有 两 节 汉语 课。

Yì jié shì bìxiū de, yì jié shì xuǎnxiū de.
一 节 是 必修 的, 一 节 是 选修 的。

Shàngwǔ dì-yī jié kè bā diǎn sì shi wǔ fēn kāishǐ.
上 午 第一 节 课 八 点 四 十 五 分 开始。

Dì-èr jié shí diǎn bàn kāishǐ.
第二 节 十 点 半 开始。

Wǒ xiàwǔ méiyǒu kè, qù túshūguǎn kàn shū.
我 下午 没 有 课, 去 图书馆 看 书。

第9课

047

课文　**我们在大学学汉语。**

Qù　Běihǎidào　dàxué　zěnme　zǒu?
去　北海道　大学　怎么　走?

Zài　Běishíbātiáo　zhàn　xià chē,　ránhòu　yìzhí　wǎng　xī　zǒu.
在　北十八条　站　下车,　然后　一直　往　西　走。

"Kāishuǐ"　yòng　Rìyǔ　zěnme　shuō?
"开水"　用　日语　怎么　说?

Zhè　zhǒng　Pǔ'ěrchá　zěnme　hē?
这　种　普洱茶　怎么　喝?

Xuéxiào　lí　huǒchē　zhàn　bù　yuǎn.
学校　离　火车　站　不　远。

Nǐ　zài　nǎr　dǎgōng?　　　　Wǒ　zài　biànlìdiàn　dǎgōng.
你　在　哪儿　打工?　——我　在　便利店　打工。

Wǒmen　zài　dàxué　xué　Hànyǔ.
我们　在　大学　学　汉语。

ミニダイアログ

048

Qù　Zháhuǎng　diànshìtǎ　zěnme　zǒu?
A: 去　札幌　电视塔　怎么　走?

Zuò　dìtiě　Nánběixiàn,　zài　Dàtōng　zhàn　xià chē,　ránhòu
B: 坐　地铁　南北线,　在　大通　站　下车,　然后

yìzhí　wǎng　běi　zǒu.
一直　往　北　走。

Lí　zhèr　yuǎn　bu　yuǎn?
A: 离　这儿　远　不　远?

Bú　tài　yuǎn.
B: 不　太　远。

生词

049

北 名 běi	离 介 lí	用 动 yòng
北京 固 Běijīng	南北线 固 Nánběixiàn	右 名 yòu
北十八条 固 Běishíbātiáo	普洱茶 固 Pǔ'ěrchá	远 形 yuǎn
车 名 chē	然后 接 ránhòu	在 介 zài
地铁 名 dìtiě	十字路口 名 shízìlùkǒu	怎么 代 zěnme
拐 动 guǎi	往 介 wǎng	站 名 zhàn
火车 名 huǒchē	西 名 xī	种 量 zhǒng
近 形 jìn	写 动 xiě	走 动 zǒu
开水 名 kāishuǐ	学校 名 xuéxiào	左 名 zuǒ
烤鸭 名 kǎoyā	一直 副 yìzhí	坐 动 zuò

第 9 课

学習のポイント

050

❶ 疑問詞疑問文 "怎么"　どうやって

Qù　Běihǎidào　dàxué　zěnme　zǒu?
去　北海道　大学　怎么　走?

Nǐ　de　míngzi　zěnme　xiě?
你　的　名字　怎么　写?

Běijīng　kǎoyā　zěnme　chī?
北京　烤鸭　怎么　吃?

❷ 介詞（前置詞）"在" S＋（"在"＋場所）＋V＋O

Nǐ   zài   nǎr   dǎgōng?
你 在 哪儿 打工？

Nǐmen zài   nǎr   xué   Hànyǔ?
你们 在 哪儿 学 汉语？

❸ 介詞（前置詞）"往" S＋（"往"＋方位・方向）＋V＋O

Zài   Běishíbātiáo   zhàn   xià chē,   ránhòu   yìzhí   wǎng   xī   zǒu.
在 北十八条 站 下车，然后 一直 往 西 走。

Zài   shízìlùkǒu   wǎng   yòu   guǎi.
在 十字路口 往 右 拐。

❹ 介詞（前置詞）"离" S＋（"离"＋距離の起点）＋V＋O／形容詞

Xuéxiào   lí   huǒchēzhàn   bù   yuǎn.
学校 离 火车站 不 远。

Zhèr   lí   yóujú   hěn   jìn.
这儿 离 邮局 很 近。

❶ 日本語を参考に、（　　）内に正しい前置詞を入れなさい。

(1) 郵便局は学校から遠い。

Yóujú　　　　　　　xuéxiào hěn yuǎn.
邮局（　　　　　）学校 很 远。

(2) あなたがたは、どこで食事しますか。

Nǐmen　　　　　　　nǎr chī fàn?
你们（　　　　　）哪儿 吃 饭?

(3) 西にまっすぐ行って、交差点で左に曲がります。

Yìzhí　　　　　　xī zǒu,　　　　　　　shízìlùkǒu wǎng zuǒ guǎi.
一直（　　　　）西 走,（　　　　　）十字路口 往 左 拐。

❷ 問いに現実の状況に即して答えなさい。また、会話練習してみましょう。

　　　Qù Zhōnglóu zěnme zǒu?
(1) 去 钟楼 怎么 走?

　　　Nǐ zài nǎr chī wǔfàn?
(2) 你 在 哪儿 吃 午饭?

　　　Nǐ de míngzi zěnme xiě?
(3) 你 的 名字 怎么 写?

第9课

课 文

我告诉你一个好消息。

051

Běihǎidào de miànjī yǒu bā wàn sān qiān duō píngfāng gōnglǐ.
北海道 的 面积 有 八 万 三 千 多 平方 公里。

Zháhuǎng de rénkǒu yǒu yì bǎi jiǔ shí wàn zuǒyòu.
札幌 的 人口 有 一 百 九 十 万 左右。

Lǐ lǎoshī jiāo wǒmen Hànyǔ.
李 老师 教 我们 汉语。

Tā gàosu wǒ yí ge hǎo xiāoxi.
她 告诉 我 一 个 好 消息。

Wǒ péngyou gěi wǒ yì zhāng diànyǐng piào.
我 朋友 给 我 一 张 电影 票。

Wǒ gēge sòng wǒ yì běn shū.
我 哥哥 送 我 一 本 书。

Nǐ hē kāfēi, háishi hē hóngchá?
你 喝 咖啡, 还是 喝 红茶?

Nǐ shì Rìběnrén, háishi Zhōngguórén?
你 是 日本人, 还是 中国人?

ミニダイアログ

052

Nín jǐ wèi?
A: 您 几 位?

Wǒmen liǎng ge rén.
B: 我们 两 个 人。

Duìbuqǐ, xiànzài méiyǒu zuòwèi.
A: 对不起, 现在 没有 座位。

Kòng le wèizi, gěi wǒ dǎ diànhuà, hǎo ma?
B: 空 了 位子, 给 我 打 电话, 好 吗?

Hǎo de. Nín de diànhuà hàomǎ shì duōshao?
A: 好 的。您 的 电话 号码 是 多少?

生　词

053

百 数 bǎi	号码 名 hàomǎ	人口 名 rénkǒu
菜 名 cài	教 動 jiāo	送 動 sòng
参考书 名 cānkǎoshū	集会 動 jíhuì	甜 形 tián
长城 固 Chángchéng	空 形 kòng	万 数 wàn
的 助 de	辣 形 là	位 量 wèi
电话 名 diànhuà	面积 名 miànjī	位子 名 wèizi
电影 名 diànyǐng	男生 名 nánshēng	乌龙茶 名 wūlóngchá
对不起 組 duìbuqǐ	女生 名 nǚshēng	现在 名 xiànzài
告诉 動 gàosu	票 名 piào	消息 名 xiāoxi
给 動 gěi	平方 名 píngfāng	亿 数 yì
公里 量 gōnglǐ	葡萄酒 名 pútaojiǔ	座位 名 zuòwèi
还是 接 háishi	千 数 qiān	左右 名 zuǒyòu

第 10 課

学習のポイント

054

❶ 数をたずねる疑問詞 "几" "多少"

(1) 几：上限のある小さな数（特に一桁）を予想してたずねる

Nǐ yǒu jǐ ge háizi?
你 有 几 个 孩子?

Nǐ érzi jǐ suì?
你 儿子 几 岁?　（子供が明らかに10歳未満の場合；第5課参照）

Nǐ jiā jǐ kǒu rén?
你 家 几 口 人?　（家族の人数：第5課参照）

55

(2) 多少："几"のような制限はなく、数・量一般をたずねる

Nǐmen xuéxiào yǒu duōshao xuésheng?
你们 学校 有 多少 学生?

Běijīng yǒu duōshao rénkǒu?
北京 有 多少 人口?

❷ 三桁以上の数字を数える

yìbǎi yìqiān yíwàn yíyì
一百 一千 一万 一亿

Chángchéng yǒu yíwàn liǎngqiān duō lǐ cháng.
长城 有 一万 两千 多 里 长。

Liǎngqiān duō rén zài Dàtōng gōngyuán jíhuì.
两千 多 人 在 大通 公园 集会。

❸ 二重目的語をとる動詞

Lǐ lǎoshī jiāo wǒmen Hànyǔ.
李 老师 教 我们 汉语。

Tā sòng wǒ yì běn cānkǎoshū.
他 送 我 一 本 参考书。

Wǒ gàosu nǐ yí ge hǎo xiāoxi.
我 告诉 你 一 个 好 消息。

❹ 選択疑問文　A ＋ "还是" ＋ B　（A，B はフレーズ）

Nín yào kāfēi, háishi yào hóngchá?
您 要 咖啡，还是 要 红茶?

❶ 何人いるか聞いてみよう、答えてみよう。

| 老师　学生 | 女生 | 中国的人口　日本的人口 |

第 10 课

❷ どっちを食べる？どちらを飲む？どちらが好き？

Nǐ　hē　　　　　　　　　háishi　hē
你　喝（　　　　　　），还是　喝（　　　　　　）？

【語群】

hóngchá	kāfēi	kělè	guǒzhī	pútaojiǔ	píjiǔ	wūlóngchá
红茶	咖啡	可乐	果汁	葡萄酒	啤酒	乌龙茶

Nǐ　chī　　　　　　　　　háishi　chī
你　吃（　　　　　　），还是　吃（　　　　　　）？

【語群】

lāmiàn	jiǎozi	là de	tián de
拉面	饺子	辣 的	甜 的

Nǐ　xǐhuan　　　　　　　　háishi　xǐhuan
你　喜欢（　　　　　　），还是　喜欢（　　　　　）？

【語群】

Hànyǔ	Yīngyǔ	chī Rìběn cài	chī Zhōngguó cài
汉语	英语	吃 日本 菜	吃 中国 菜

课 文

我会游泳，能游五百米。

🎧 055

Nǐ huì shuō Hànyǔ ma?
你 会 说 汉语 吗？

Wǒ huì shuō Hànyǔ. Wǒ bú huì shuō Hànyǔ.
我 会 说 汉语。 我 不 会 说 汉语。

Nǐ néng kàn Yīngwén bàozhǐ ma?
你 能 看 英文 报纸 吗？

Wǒ néng kàn Yīngwén bàozhǐ. Wǒ bù néng kàn Yīngwén bàozhǐ.
我 能 看 英文 报纸。我 不 能 看 英文 报纸。

Nǐ huì bu huì kāi chē?
你 会 不 会 开 车？

Wǒ méiyǒu jiàzhào, bù néng kāi chē.
我 没有 驾照， 不 能 开 车。

Wǒ huì yóuyǒng, shí fēnzhōng néng yóu liù bǎi mǐ.
我 会 游泳， 十 分钟 能 游 六 百 米。

Jiàoshì lǐ kěyǐ chī dōngxi ma?
教室 里 可以 吃 东西 吗？

Bùxíng, jiàoshì lǐ bù néng chī dōngxi.
不行， 教室 里 不 能 吃 东西。

◀ ミニダイアログ ▶ 🎧 056

Nǐ huì dǎ Hànyǔ ma?
A: 你 会 打 汉语 吗？

Huì.
B: 会。

Yì fēn zhōng néng dǎ duōshao zì?
A: 一 分钟 能 打 多少 字？

Néng dǎ èr bǎi zì.
B: 能 打 二 百 字。

Zhēn lìhai! Néng bu néng bāng wǒ dǎ bàogào?
A: 真 厉害！ 能 不 能 帮 我 打 报告？

生 词

057

帮 動 bāng	教室 名 jiàoshì	舒服 形 shūfu
暴风雨 名 bàofēngyǔ	驾照 名 jiàzhào	小玲 固 Xiǎolíng
报告 名 bàogào	进来 動 jìnlái	烟 名 yān
不过 接 búguò	酒 名 jiǔ	英文 固 Yīngwén
不行 組 bùxíng	可以 助動 kěyǐ	医院 名 yīyuàn
抽 動 chōu	厉害 形 lìhai	游 動 yóu
达夫 固 Dáfū	米 量 mǐ	游泳 動 yóuyǒng
东西 名 dōngxi	能 助動 néng	字 名 zì
分（钟）量 fēn(zhōng)	生鱼片 名 shēngyúpiàn	做 動 zuò
会 助動 huì	身体 名 shēntǐ	

第 11 课

学習のポイント

058

❶ 可能の助動詞 "会"

"会" は、技術・技能が身に付いている（会得している）ことを表す。

Tā huì shuō Hànyǔ.　　　Tā bú huì shuō Fǎyǔ.
他 会 说 汉语。　　　他 不 会 说 法语。

Nǐ huì yóuyǒng ma?　　　Wǒ bú huì yóuyǒng.
你 会 游泳 吗?　　　我 不 会 游泳。
※どれくらい話せるか、どれくらい泳げるかは問題になっていない。

"会" は、「得意である」ことを表すこともある。その場合 "很" などで強調することが多い。

Xiǎolíng hěn huì zuò cài.　　　Dáfū hěn huì chàng gē.
小玲 很 会 做菜。　　　达夫 很 会 唱 歌。

59

❷ 可能の助動詞 "能"

"能" は、与えられた環境や条件の中でその行動をとることができることを表す。

Wǒ huì yóuyǒng, néng yóu wǔ bǎi mǐ.
我 会 游泳， 能 游 五 百 米。(500 メートルという条件なら泳げる)

Wǒ huì yóuyǒng, búguò jīntiān shēntǐ bù shūfu, bù néng yóu.
我 会 游泳， 不过 今天 身体 不 舒服， 不 能 游。
(体調が悪くて泳げない)

Wǒ huì yóuyǒng, búguò jīntiān yǒu bàofēngyǔ, bù néng yóu.
我 会 游泳， 不过 今天 有 暴风雨， 不 能 游。
(暴風雨で泳げる状況にない)

❸ 許可を表す助動詞 "可以"

"可以" は、"能" の意味のうち、特に「ルール」や「自然の理」によって許されていること
を表す。

Kěyǐ jìnlái ma? Kěyǐ.
可以 进来 吗？ 可以。

"不行" は、「いけません」という応答語。"可以" の否定は一般に "不能" を使う。

Zhèr kěyǐ chōu yān ma? Bùxíng, yīyuàn lǐ bù néng chōu yān.
这儿 可以 抽 烟 吗？ 不行， 医院 里 不 能 抽 烟。

❶ 以下の中国語は、「できることはできるのだが、今はできない」という内容の文である。各文の「今はできない」理由として、何が考えられるか、できるだけ多く<u>日本語</u>で答えなさい。また、可能ならば中国語で言ってみよう。

Wǒ huì kāi chē, búguò xiànzài bù néng kāi.
(1) 我 会 开 车, 不过 现在 不 能 开。

Wǒ huì hē jiǔ, búguò xiànzài bù néng hē.
(2) 我 会 喝 酒, 不过 现在 不 能 喝。

❷【よってたかってインタビュー】友だち同士、また、教員やＴＡなどと「できる・できない」について話してみよう。

Nǐ huì   ma?   Nǐ néng   ma?
你 会 （   ）（   ）吗？   你 能 （   ）（   ）吗？

Wǒ huì   .   Wǒ néng   .
我 会 （   ）（   ）。   我 能 （   ）（   ）。

shēngyúpiàn
会話のヒント：「お刺身（生鱼片）を食べられますか」「車を運転できますか」「泳げますか」「ドイツ語（フランス語、スペイン語）を話せますか」「料理はできますか」等々

(1) 辞書やネット、教科書から使える単語を集めよう。
(2) 「会」と「能」の使い分けに注意して会話してみよう。
(3) 作った文章をネットでフレーズ検索して、正しいかどうか調べてみよう。

第 11 课

她比我更了解这儿的情况。

课文

059

Jīntiān bǐ zuótiān rè ma?
今天 比 昨天 热 吗?

Jīntiān méiyǒu zuótiān nàme rè.
今天 没有 昨天 那么 热。

Tā gēge bǐ tā dà sān suì.
他 哥哥 比 他 大 三 岁。

Tā bǐ wǒ gèng liǎojiě zhèr de qíngkuàng.
她 比 我 更 了解 这儿 的 情况。

Huángdòu gēn niúròu yíyàng yǒu yíngyǎng.
黄豆 跟 牛肉 一样 有 营养。

Wǒ jiějie bǐ wǒ gāo yìdiǎnr.
我 姐姐 比 我 高 一点儿。

Jīntiān yǒudiǎnr lěng.
今天 有点儿 冷。

ミニダイアログ

060

Zhè jiàn yǒudiǎnr xiǎo, yǒu méiyǒu dà yìdiǎnr de?
A: 这 件 有点儿 小, 有 没有 大 一点儿 的?

Méiyǒu, zhǐ yǒu zhè yí jiàn. Nà jiàn zěnmeyàng?
B: 没有, 只 有 这 一 件。那 件 怎么样?

Kàn yàngzi hái búcuò, búguò yǒudiǎnr guì, néng bu néng
A: 看 样子 还 不错, 不过 有点儿 贵, 能 不 能
piányi yìdiǎnr?
便宜 一点儿?

生词

比 介 bǐ	黄豆 名 huángdòu	样子 名 yàngzi
大 形 dà	件 量 jiàn	一点儿 组 yìdiǎnr
高 形 gāo	冷 形 lěng	营养 名 yíngyǎng
跟 介 gēn	了解 动 liǎojiě	一样 形 yíyàng
更 副 gèng	牛肉 名 niúròu	有点儿 副 yǒudiǎnr
个子 名 gèzi	便宜 形 piányi	昨天 名 zuótiān
贵 形 guì	情况 名 qíngkuàng	
和 介 hé	水平 名 shuǐpíng	

第 **12** 课

学習のポイント

❶ 比較 "比" "没有"　"比" は ">"、"没有" は "<"

A + "比" + B + 形容詞など（+ 差量）	AはBよりも～だ。
A + "没有" + B（+ "那么"）+ 形容詞など	AはBほど～でない。

Jīntiān bǐ zuótiān rè.
今天 比 昨天 热。

Jīntiān méiyǒu zuótiān nàme rè.
今天 没有 昨天 那么 热。

Wǒ jiějie bǐ wǒ dà liǎng suì.
我 姐姐 比 我 大 两 岁。

Tā bǐ wǒ gèng liǎojiě zhèr de qíngkuàng.
他 比 我 更 了解 这儿 的 情况。

❷ 同等・同様の表現

Wǒ de cídiǎn gēn nǐ de cídiǎn yíyàng.
我 的 词典 跟 你 的 词典 一样。

Tā gèzi hé wǒ yíyàng gāo.
他 个子 和 我 一样 高。

Huángdòu gēn niúròu yíyàng yǒu yíngyǎng.
黄豆 跟 牛肉 一样 有 营养。

❸ "有点儿" と "一点儿"「少し〜」

Jīntiān bǐ zuótiān liángkuai yìdiǎnr.
今天 比 昨天 凉快 一点儿。

Jīntiān yǒudiǎnr lěng.
今天 有点儿 冷。

❶ 日本語の意味になるように単語を並べ替えなさい。

(1) 彼の中国語のレベルは、私より高い。

bǐ	gāo	Hànyǔ	shuǐpíng	tāde	wǒ
比	高	汉语	水平	他的	我

(2) 私のフランス語のレベルは、彼女にはおよばない。

méiyǒu	gāo	Fǎyǔ	shuǐpíng	tā	wǒ	nàme	de
没有	高	法语	水平	她	我	那么	的

❷ 主語を入れ替えて、同じ意味の文を作りなさい。

Zuótiān bǐ jīntiān gèng rè.
昨天 比 今天 更 热。

Bàba méiyǒu gēge nàme gāo.
爸爸 没有 哥哥 那么 高。

Wǒ gēn tā yíyàng dà.
我 跟 他 一样 大。

第12课

暑假我打算回老家。

課文

Míngtiān yǒu Hànyǔ kǎoshì, wǒ děi fùxí gōngkè.
明天 有 汉语 考试， 我 得 复习 功课。

063

Wǒ jīntiān yào jiābān.
我 今天 要 加班。

Shǔjià wǒ dǎsuàn qù Zhōngguó lǚyóu.
暑假 我 打算 去 中国 旅游。

Shǔjià wǒ dǎsuàn huí lǎojiā.
暑假 我 打算 回 老家。

Nǐ yīnggāi bèi zhège jùzi.
你 应该 背 这个 句子。

Wǒ xiǎng qù hǎibiān.
我 想 去 海边。

Wǒ xiǎng chī Hénán chuántǒng cài "sānbùzhān".
我 想 吃 河南 传统 菜 "三不沾"。

Qǐng gěi wǒ jièshào yíxià zhèr de qíngkuàng.
请 给 我 介绍 一下 这儿 的 情况。

ミニダイアログ

064

Wǒ hěn è, zánmen qù chī lāmiàn, zěnmeyàng?
A： 我 很 饿， 咱们 去 吃 拉面， 怎么样？

Wǒ bú qù. Míngtiān yǒu Yīngyǔ kǎoshì, wǒ děi
B： 我 不 去。 明天 有 英语 考试， 我 得

fùxí gōngkè.
复习 功课。

背 動 bèi	寒假 名 hánjià	暑假 名 shǔjià
传统 名 chuántǒng	河南 固 Hénán	想 助動 xiǎng
大阪 固 Dàbǎn	后天 名 hòutiān	小学 名 xiǎoxué
打算 助動 dǎsuàn	回 動 huí	要 助動 yào
得 助動 děi	加班 動 jiābān	一定 副 yídìng
饿 形 è	介绍 動 jièshào	应该 助動 yīnggāi
发 動 fā	句子 名 jùzi	一下 数量 yíxià
父母 名 fùmǔ	考试 名 kǎoshì	邮件 名 yóujiàn
复习 動 fùxí	老家 名 lǎojiā	咱们 代 zánmen
给 介 gěi	旅游 動 lǚyóu	找 動 zhǎo
功夫片 名 gōngfupiàn	美国 固 Měiguó	资料 名 zīliào
功课 名 gōngkè	女儿 名 nǚ'ér	
海边 名 hǎibiān	三不沾 名 sānbùzhān	

第13课

学習のポイント

066

❶ 必要・義務の助動詞 "得" "要"

"得" "要" は、必要や義務を表す。「～しなければならない」

Wǒ hòutiān yídìng yào huí jiā.
我 后天 一定 要 回 家。

Míngtiān yǒu Hànyǔ kǎoshì, wǒ děi fùxí gōngkè.
明天 有 汉语 考试，我 得 复习 功课。

❷ 予定の助動詞 "打算"

"打算" は、予定を表す。「〜するつもりだ」

Shǔjià wǒ dǎsuàn huí Dàbǎn.
暑假　我　打算　回　大阪。

❸ 当然の助動詞 "应该"

"应该" は、道理上当然であることを表す。「〜すべきだ」「〜はずだ」

Nǐ yīnggāi qù túshūguǎn zhǎo zīliào.
你　应该　去　图书馆　找　资料。

Túshūguǎn yīnggāi yǒu hěn duō zīliào.
图书馆　应该　有　很　多　资料。

❹ 願望の助動詞 "想"

"想" は、願望を表す。「〜したい」

Wǒ xiǎng qù hǎibiān.
我　想　去　海边。

Wǒ xiǎng chī Hénán chuántǒng cài "sānbùzhān".
我　想　吃　河南　传统　菜 "三不沾"。

❺ 介詞（前置詞）"给"

Qǐng gěi wǒ jièshào yíxià zhèr de qíngkuàng.
请　给我　介绍　一下　这儿　的　情况。

Wǒ gěi fùmǔ fā yóujiàn.
我　给　父母　发　邮件。

❶ 助動詞を使って作文しよう。

(1) 娘は6歳なので、小学校に行かねばならない。

(2) 今年の夏休みは、きっと中国に行く！

(3) 冬休みにはアメリカに旅行する予定だ。

(4) 中国映画を見に行きたい。

❷ 会話してみよう。

Jīnnián shǔjià nǐ dǎsuàn zuò shénme?
A：今年 暑假 你 打算 做 什么？

Wǒ dǎsuàn kàn Zhōngguó diànyǐng.
B：我 打算 看 中国 电影。

Kàn shénme diànyǐng?
A：看 什么 电影？

Wǒ xiǎng kàn gōngfupiàn.
B：我 想 看 功夫片。

课 文

这块石头有多重？

067

Zhūmùlǎngmǎfēng yǒu duōgāo?
珠穆朗玛峰 有 多高？

Yǒu bāqiān bābǎi wǔshí mǐ.
有 八千 八百 五十 米。

Cóng zhèr dào shìzhōngxīn yào duōcháng shíjiān?
从 这儿 到 市中心 要 多长 时间？

Zuò bāshì dàgài yào èrshí fēnzhōng.
坐 巴士 大概 要 二十 分钟。

Zhè kuài shítou yǒu duōzhòng?
这 块 石头 有 多重？

Yǒu èrshí gōngjīn zuǒyòu ba.
有 二十 公斤 左右 吧。

Zhè zhǒng zhǐjīn duōshao qián yì hé?
这 种 纸巾 多少 钱 一 盒？

Sān kuài sì.
三 块 四。

Zhè bù shǒujī duōshao qián?
这 部 手机 多少 钱？

Sānwàn wǔqiān bābǎi Rìyuán.
三万 五千 八百 日元。

ミニダイアログ

068

Píngguǒ zěnme mài?
A：苹果 怎么 卖？

Liǎng kuài wǔ máo qián yì jīn.
B：两 块 五 毛 钱 一 斤。

生词

巴士 名 bāshì

杯子 名 bēizi

本店 名 běndiàn

部 量 bù

衬衫 名 chènshān

穿 动 chuān

从 介 cóng

大概 副 dàgài

到 介 dào

多长时间 组 duōcháng shíjiān

多高 代 duōgāo

多少钱 组 duōshao qián

多重 代 duōzhòng

分 量 fēn

付 动 fù

公斤 量 gōngjīn

光临 动 guānglín

好看 形 hǎokàn

盒 量 hé

欢迎 动 huānyíng

架 量 jià

减肥 动 jiǎnféi

斤 量 jīn

块 量 kuài

卖 动 mài

毛 量 máo

明信片 名 míngxìnpiàn

苹果 名 píngguǒ

钱 名 qián

铅笔 名 qiānbǐ

日元 固 Rìyuán

试 动 shì

石头 名 shítou

市中心 组 shìzhōngxīn

挺 副 tǐng

信用卡 名 xìnyòngkǎ

一共 副 yígòng

纸巾 名 zhǐjīn

珠穆朗玛峰 固
Zhūmùlǎngmǎfēng

第 **14** 课

学習のポイント

❶ "多"＋形容詞の疑問文

duōdà	duōgāo	duōcháng	duōzhòng
多大	多高	多长	多重

Nǐ jīnnián duōdà?　　Wǒ jīnnián èrshiyī suì.
你 今年 多大？—— 我 今年 二十一 岁。

Tā gèzi duōgāo?　　Yì mǐ bā zuǒyòu.
他 个子 多高？—— 一 米 八 左右。

Nǐ duōzhòng?　　Yìbǎi liùshí jīn, yào jiǎnféi!
你 多重？—— 一百 六十 斤, 要 减肥!

❷ 値段のたずね方と答え方

Zhège duōshao qián?　　Wǔshí kuài sān máo wǔ fēn.
这个 多少 钱? － 五十 块 三 毛 五 分。 50.35

Zěnme mài?　　Sānshí kuài yì jīn.
怎么 卖? － 三十 块 一 斤。

Zhè jià xiàngjī duōshao qián?　　Liùwàn sìqiān Rìyuán.
这 架 相机 多少 钱? － 六万 四千 日元。

Zhǎo nín liǎng kuài qián.
找 您 两 块 钱。

Yígòng duōshao qián?
一共 多少 钱?

中国の通貨単位

	kuài 块 (＝十毛)	máo 毛 (＝十分)	fēn 分
口頭	kuài 块 (＝十毛)	máo 毛 (＝十分)	fēn 分
書面	yuán 元	jiǎo 角	fēn 分

❶ それぞれ、単位を付けて値段を聞いてみよう。また、値札を見て答えよう。

píngguǒ　jīn　　　　Zhè píngguǒ duōshao qián　yì　jīn?
苹果（斤）→ 这 苹果 多少 钱 一 斤？ — 四块八。　　4.80

bēizi　　ge
杯子（个）→　　　　　　　　　　　　　　　　　　　　26.5

míngxìnpiàn　zhāng
明信片（张）→　　　　　　　　　　　　　　　　　　1.8

qiānbǐ　hé
铅笔（盒）→　　　　　　　　　　　　　　　　　　　7.45

❷ 買い物に使えそうな例文を順不同で並べてある。

（1）意味を調べてみよう。

（2）これらを参考に、必要な例文を補ってダイアログを作り、発音・会話してみよう。

Huānyíng　guānglín!
欢迎　光临！

Zhè jiàn chènshān tǐng hǎokàn,　kěyǐ　shì chuān　ma?
这 件 衬衫 挺 好看，可以 试 穿 吗？

Kěyǐ　yòng xìnyòngkǎ　fù　ma?
可以 用 信用卡 付 吗？

Yǒudiǎnr　dà,　yǒu méiyǒu xiǎo　yìdiǎnr　de?
有点儿 大，有 没有 小 一点儿 的？

Tài guì　le! Néng piányi yìdiǎnr　ma?
太 贵 了！能 便宜 一点儿 吗？

Duìbuqǐ,　běn diàn bù néng yòng xìnyòngkǎ.
对不起，本 店 不 能 用 信用卡。

Zhè jiàn bǐ nà jiàn xiǎo.
这 件 比 那 件 小。

Zhè jiàn duōshao qián?
这 件 多少 钱？

Yìbǎi　èrshiliù　kuài wǔ.
一百 二十六 块 五。

以后不要再迟到了。

课文

Qǐng búyào zài zhèli dàshēng shuō huà.
请 不要 在 这里 大声 说 话。

🎧 071

Bié làngfèi shíjiān.
别 浪费 时间。

Nǐ xiān bié jí, yǒu shì mànmānr shuō ba.
你 先 别 急， 有 事 慢慢儿 说 吧。

Kāfēi búyào fàng táng, wǒ yào jiǎnféi.
咖啡 不要 放 糖， 我 要 减肥。

Nǐ bié zài hē le.
你 别 再 喝 了。

Yǐhòu búyào zài chí dào le.
以后 不要 再 迟到 了。

Fēijī qǐfēi shí bù néng yòng shǒujī.
飞机 起飞 时 不 能 用 手机。

ミニダイアログ

🎧 072

Míngtiān wǎnshang nǐ yǒu shíjiān ma?
A： 明天 晚上 你 有 时间 吗?

Yǒu.
B： 有。

Zánmen qù Lánxīn cāntīng chīfàn, zěnmeyàng?
A： 咱们 去 兰欣 餐厅 吃饭, 怎么样?

Nà tài hǎo le!
B： 那 太 好 了!

Liù diǎn zài Zhōnglóu jiàn, bú jiàn bú sàn!
A： 六 点 在 钟楼 见, 不 见 不 散!

生词

百货商店	名 bǎihuòshāngdiàn	飞机	名 fēijī	时	名 shí
别	副 bié	干净	形 gānjing	时间	名 shíjiān
不见不散	组 bú jiàn bú sàn	急	动 jí	事	名 shì
不要	助动 búyào	见面	动 jiànmiàn	说话	动 shuōhuà
不用	助动 búyòng	客气	形 kèqi	它	代 tā
茶	名 chá	口福	名 kǒufú	太~了	组 tài ~ le
迟到	动 chídào	浪费	动 làngfèi	糖	名 táng
打扫	动 dǎsǎo	兰欣	固 Lánxīn	提	动 tí
大声	形 dàshēng	慢慢儿	形 mànmānr	晚上	名 wǎnshang
电影院	名 diànyǐngyuàn	《暖春》	固 nuǎnchūn	先	副 xiān
动物	名 dòngwù	起飞	动 qǐfēi	圆山	固 Yuánshān
动物园	名 dòngwùyuán	上班	动 shàngbān	再	副 zài
放	动 fàng	上午	名 shàngwǔ		

第15课

学習のポイント

❶ 禁止表現 "别" "不要" "别~了"

"不要"は動詞の前に置いて禁止を表す。"别"は"不要"が一音節に縮まったもの。

Dàjiā búyào shuō huà.
大家 不要 说 话。

Nǐ xiān bié jí, yǒu shì mànmānr shuō ba.
你 先 别 急, 有 事 慢慢儿 说 吧。

"别"を使った文の、文末に"了"を置くと、「(今していることを) やめなさい」「それ以上するな」という制止の表現となる。

Nǐ bié zài hē jiǔ le.
你 别 再 喝 酒 了。

Bā nián le, bié tí tā le.
八 年 了，别 提 它 了。

"不能" を使った禁止表現。

Jiàoshì lǐ bù néng chōu yān.
教室 里 不 能 抽 烟。

❷ 不要を表す "不用"

「～しなくてもよい」

Jīntiān xīngqī tiān, búyòng qù shàngbān.
今天 星期天， 不用 去 上班。

Wǒmen dōu shì péngyou, búyòng kèqi.
我们 都 是 朋友， 不用 客气。

Nǐ de fángjiān hěn gānjing, búyòng dǎsǎo.
你 的 房间 很 干净，不用 打扫。

❸ 会話表現：誘いかけ、約束する

Nǐ xià xīngqī liù yǒu shíjiān ma?
你 下 星期六 有 时间 吗？

Nǐ lái wǒ jiā chī fàn, zěnmeyàng?
你 来 我 家 吃 饭，怎么样？

Nà míngtiān xiàwǔ liù diǎn zài Zháhuǎng zhàn jiàn, bú jiàn bú sàn!
那 明天 下午 六点 在 札幌 站 见，不 见 不 散！

❶ **作文しよう。**

(1) おしゃべりするのをやめて、ご飯を食べなさい。

(2) 焦らないで、ゆっくり食べなさい。

(3) じゃあ、3時にデパートでね。

(4) 教室内ではしゃべらないように。

第
15
课

❷ **友だちと遊ぶ計画をたてて、誘ってみましょう。**

いつ？

jīntiān	wǎnshang	míngtiān	xià xīngqī liù	shǔjià	xiànzài
今天	晚上	明天	下 星期 六	暑假	现在

どこで？

Dàtōng gōngyuán	diànyǐngyuàn	Yuánshān dòngwùyuán		Kǒufú cāntīng
大通 公园	电影院	圆山 动物园	KTV	口福 餐厅

何をする？

chīfàn	kàn diànyǐng	kàn kě'ài de dòngwù	chàng gē	hē chá
吃饭	看 电影	看 可爱 的 动物	唱 歌	喝 茶

Xià xīngqī tiān nǐ yǒu shíjiān ma?
A：下 星期 天 你 有 时间 吗？

Shénme shì?
B：什么 事？

Yìqǐ qù kàn Zhōngguó diànyǐng 《Nuǎnchūn》, zěnmeyàng?
A：一起 去 看 中国 电影 《暖春》, 怎么样？

Hǎo! Wǒmen jǐ diǎn zài nǎr jiànmiàn?
B：好！我们 几 点 在 哪儿 见面？

Xiàwǔ liǎng diǎn zài Zháhuǎng zhàn jiàn.
A：下午 两 点 在 札幌 站 见。

第 16 课

课文　**请给我看看你新买的手机。**

075

Qǐng gěi wǒ kàn kan nǐ de shǒujī.
请 给 我 看 看 你 的 手机。

Lǎoshī, kàn yàngzi nín hěn lèi, xiān xiūxi xiūxi ba.
老师，看 样子 您 很 累，先 休息 休息 吧。

Wǒ de yǎnjìng bú jiàn le, nǐ bāng wǒ zhǎo zhao ba.
我 的 眼镜 不 见 了，你 帮 我 找 找 吧。

Tā bāo de jiǎozi zhēn hǎochī, nǐmen yě cháng chang ba.
他 包 的 饺子 真 好吃，你们 也 尝 尝 吧。

Zhè shì xīn shū, yìnshuā、shèjì dōu hěn piàoliang.
这 是 新 书，印刷、设计 都 很 漂亮。

Tā gěi wǒ yí kuài tǐng guì de shǒujuàn.
她 给 我 一 块 挺 贵 的 手绢。

【ミニダイアログ】

076

Wǒ yào shēnqǐng zhùxuéjīn.
A：我 要 申请 助学金。

Qǐng nǐ tián yíxià zhè zhāng biǎo.
B：请 你 填 一下 这 张 表。

Bǐ kěyǐ jiè wǒ yòng yíxià ma?
A：笔 可以 借 我 用 一下 吗？

Hǎo de.
B：好 的。

生词

077

包 動 bāo	累 形 lèi	文科 名 wénkē
表 名 biǎo	理科 名 lǐkē	系 名 xì
尝 動 cháng	买 動 mǎi	县 名 xiàn
法律系 名 fǎlǜxì	漂亮 形 piàoliang	新 形 xīn
好吃 形 hǎochī	请问 組 qǐngwèn	信 名 xìn
画 動 huà	设计 名 shèjì	衣服 名 yīfu
画儿 名 huàr	申请 動 shēnqǐng	印刷 名 yìnshuā
讲 動 jiǎng	手绢 名 shǒujuàn	脏 形 zāng
借 動 jiè	填 動 tián	助学金 名 zhùxuéjīn
进 動 jìn	题目 名 tímù	

第 **16** 课

学習のポイント

078

❶ 動詞の重ね型

Xiān xiūxi xiūxi ba.
先 休息 休息 吧。

Wǒ de shǒujī bú jiàn le, nǐ bāng wǒ zhǎo zhao!
我 的 手机 不 见 了，你 帮 我 找 找！

Tā zuò de Zhōngguó cài zhēn hǎochī, nǐ yě cháng chang ba.
他 做 的 中国 菜 真 好吃，你 也 尝 尝 吧。

Qǐng gěi wǒ kàn kan nǐ de shǒujī.
请 给 我 看 看 你 的 手机。

❷ いろいろな連体修飾と "的"

zāng	yīfu		hěn piàoliang	de	yīfu		lái	de	rén
脏	衣服		很 漂亮	的	衣服		来	的	人

lǎoshī zuótiān jiǎng de tímù
老师 昨天 讲 的 题目

❸ 会話表現：依頼・要請（〜して下さい）

Qǐng jìn.　　　Qǐng zuò.　　　Qǐng hē chá.　　　Qǐng wèn,
请 进。　　　请 坐。　　　请 喝 茶。　　　请 问，〜

Qǐng gěi wǒ xiě xìn.
请 给 我 写 信。

Qǐng gěi wǒ kàn kan nǐ xīn mǎi de shǒujī.
请 给 我 看 看 你 新 买 的 手机。

❶ この課で学んだ「動詞の重ね型」と「連体修飾」、「依頼表現」を使って、作文しよう。

（1）あなたが描いた絵を見せて下さい。（絵を描く＝画 ^{huà} 画儿 ^{huàr}）

（2）あなたが作った餃子を、味見させて下さいよ。

（3）君が新しく買ったバイクを見せて。

第
16
课

❷ 自分のことを言ってみよう。友だちのことを聞いてみよう。

（1）Qǐng wèn, nǐ shì nǎge xì de xuésheng? Wǒ shì fǎlǜxì de.
请 问，你 是 哪个 系 的（学生）？ —我 是 法律系 的。

◆「理系」＝ "理科"
①综合 理科 zōnghé lǐkē ②兽医系 shòuyīxì ③工学系 gōngxuéxì
④医学系 yīxuéxì ⑤口腔系 kǒuqiāngxì ⑥药学系 yàoxuéxì
⑦理学系 lǐxuéxì ⑧农学系 nóngxuéxì ⑨水产系 shuǐchǎnxì

◆「文系」＝ "文科"
⑩综合 文科 zōnghé wénkē ⑪教育系 jiàoyùxì ⑫文学系 wénxuéxì
⑬法律系 fǎlǜxì ⑭经济系 jīngjìxì

（2）Nǐ lǎojiā zài nǎr?
你 老家 在 哪儿？

Wǒ lǎojiā zài ○○ xiàn.
我 老家 在 ○○县。 （出身都道府県名をネット等で調べてみよう）

【品詞表（词类表）】

表示	品詞（中国語）	品詞（日本語）	例
[名]	名词	名詞	日本　大学　今天　北　前边儿
[数]	数词	数詞	一　十　百　千
[量]	量词	量詞（助数詞）	个　本　件　口
[代]	代词	代(名)詞	我　你　这　那里　什么
[動]	动词	動詞	是　吃　在　有　喜欢
[助動]	助动词	助動詞	能　会　想　要
[形]	形容词	形容詞	好　大　好吃　便宜
[副]	副词	副詞	很　不　也　都
[介]	介词	介詞（前置詞）	在　离　从　比
[接]	连词	接続詞	那　还是　不过
[助]	助词	助詞	的　吗　呢
[嘆]	叹词	感嘆詞	哇　咦　哎呀
[頭]	词头	接頭辞	第
[尾]	词尾	接尾辞	－们
[組]	2語以上からなる慣用表現や固定表現		太…了　对不起　慢走

【主な句読点（标点符号）】

。	句号 jùhào	文の終止	？	问号 wènhào	疑問符
，	逗号 dòuhào	文の切れ目をあらわす	！	感叹号 gǎntànhào	感嘆符
、	顿号 dùnhào	並列をあらわす	；	分号 fēnhào	ふたつ以上の節の並列や区切り
" "	引号 yǐnhào	引用符	：	冒号 màohào	内容提示
（ ）	括号 kuòhào	注釈など	《 》	书名号 shūmínghào	書名など

本編
II

第 17 课

课文

吃了饭再走，不吃不行。

079

Wǒ zuótiān mǎile yì běn Yīngwén shū.
我 昨天 买了 一 本 英文 书。

Wǒ chīle fàn le. Wǒ chī fàn le.
我 吃了 饭 了。/ 我 吃 饭 了。

Shàng xīngqī wǒmen mǎile yìxiē shuǐguǒ.
上 星期 我们 买了 一些 水果。

Wǒ kàn jīntiān de bàozhǐ le. Nǐ ne? Wǒ hái méi kàn.
我 看 今天 的 报纸 了。你 呢？——我 还 没 看。

Jīntiān zǎoshang nǐ chīle xiē shénme, hēle xiē shénme?
今天 早上 你 吃了 些 什么，喝了 些 什么？

Wǒ chīle yì wǎn mǐfàn, hēle yì wǎn jiàngtāng.
——我 吃了 一 碗 米饭，喝了 一 碗 酱汤。

Lái Zháhuǎng yǐhòu, tā chīle hěn duō cì Zháhuǎng lāmiàn.
来 札幌 以后，他 吃了 很 多 次 札幌 拉面。

Míngtiān xiàle kè, wǒ qù zhǎo nǐ.
明天 下了 课，我 去 找 你。

Chīle fàn zài zǒu, bù chī bù xíng.
吃了 饭 再 走，不 吃 不 行。

Qǐng xiān lín yù, ránhòu zài pào wēnquán.
请 先 淋浴，然后 再 泡 温泉。

Nín xiān cháng chang, ránhòu zài mǎi.
您 先 尝 尝，然后 再 买。

迷你对话 Mínǐ duìhuà ミニダイアログ

080

A: Nǐ zuótiān kànle bàngqiú bǐsài de shìpín méiyǒu?
你 昨天 看了 棒球 比赛 的 视频 没有？

B: Méiyǒu. Hǎokàn ma?
没有。好看 吗？

A: Běihǎidào duì dì- bā jú déle wǔ fēn, fǎn bài
北海道 队 第八 局 得了 五 分，反 败

wéi shèng le! Zhēn jīngcǎi!
为 胜 了！真 精彩！

84

生词

棒球 名 bàngqiú	酱汤 名 jiàngtāng	水果 名 shuǐguǒ
比赛 名 bǐsài	精彩 形 jīngcǎi	碗 量 wǎn
次 量 cì	局 量 jú	玩儿 動 wánr
菜包 名 càibāo	淋浴 動 línyù	温泉 名 wēnquán
茶叶蛋 名 cháyèdàn	米饭 名 mǐfàn	小说 名 xiǎoshuō
得 動 dé	盘 量 pán	些 量 xiē
队 名 duì	泡 動 pào	行 形 xíng
反败为胜 組 fǎn bài wéi shèng	视频 名 shìpín	洗衣机 名 xǐyījī
咖喱 名 gālí	书店 名 shūdiàn	一些 組 yìxiē

第 **17** 课

学習のポイント

❶ アスペクト助詞 "了"

動詞の直後に "了" をつけると、「〜した」という動作の完了・実現を表す。否定は副詞 "没 (有)" を用い、"了" は消える。<u>ここの "了"「〜した」は「過去」の時制を表すわけではない。</u>

买 mǎi　　买了 mǎile　　没买 méi mǎi　　買う、買った、買っていない

Wǒ　mǎile　yì　běn　Zhōng-Rì　cídiǎn.
我　买了　一　本　中日　词典。

Wǒ　hái　méi　mǎi　Zhōng-Rì　cídiǎn.
我　还　没　买　中日　词典。

Nǐ　mǎile　Zhōng-Rì cídiǎn　méiyǒu?
你　买了　中日　词典　没有?

目的語が数量詞などの修飾を受けず、言い切りの文になるときは、動詞直後と文末の2回 "了" を用いるか、文末だけに "了" を用いる。普通は文末だけで可。

Wǒ chīle fàn le.
我 吃了 饭 了。

Wǒ mǎi xǐyījī le.
我 买 洗衣机 了。

言い切りの文で目的語に何も修飾語がついていないとき、動詞直後に "了" を使うと、文が終わっていないように感じられる。(例：我吃了饭 Wǒ chīle fàn → 私はご飯を食べて……)

❷ 副詞 "再"

"先" や動詞＋"了" と組み合わせて、「…してから〜する」を表す。

Chī le fàn zài zǒu.
吃 了 饭 再 走。

Nín xiān cháng chang, ránhòu zài mǎi.
您 先 尝 尝， 然后 再 买。

"再" 単独で、これから行う動作・行為について、「また〜する」を表す用法もある。

Zài jiàn!
再见！

Yǒu shíjiān zài lái wánr ba.
有 时间 再 来 玩儿 吧。

❶ 下線部を（1）～（3）の語句に入れ替えて練習しよう。

        Tā   chī le xiē shénme, hē le xiē shénme?
A：他 吃 了 些 什么，喝 了 些 什么？

B：他吃了（　　　）和（　　　　），喝了（　　　）。

	yí piàn miànbāo	yí fèn shālā	yì bēi hóngchá
(1)	一 片　面包	一份沙拉	一杯　红茶
	yì wǎn mǐfàn	yí ge jiānjīdàn	yì wǎn jiàngtāng
(2)	一 碗 米饭	一个煎鸡蛋	一 碗　酱汤
	yí ge càibāo	yí ge cháyèdàn	yì wǎn dòujiāng
(3)	一 个 菜包	一个茶叶蛋	一 碗　豆浆

第
17
课

❷ 先週一週間の行動を、「○曜日、…へ行って～した」または「○曜日、…で～した」
のように中国語で言ってみよう。

例：

Xīngqīyī   wǒ   qù   túshūguǎn   kàn le yì běn xiǎoshuō.
星期一　我　去　 图书馆 　看 了 　一 本　小说 。

Xīngqī liù wǒ zài   jiā   bāo le yì bǎi ge jiǎozi.
星期六　我　在　 家 　包 了 　一 百 个 饺子 。

食堂へ行って、カレー（咖喱饭 gālí fàn）を一皿（一盘 yì pán）食べた。

カフェ（咖啡店 kāfēidiàn）へ行って、コーヒーを一杯（一杯 yì bēi）飲んだ。

本屋（书店 shūdiàn）へ行って、中日辞典を一冊買った。
                                 ……など。
  ※一日一行ずつでいいので、日記をつけてみよう。

第18课

课文　我好像在哪儿见过她。

Nǐ qùguo Běijīng ma?　　Wǒ méi qùguo.
你 去过 北京 吗？—— 我 没 去过。

Wǒ yǐqián páguo nà zuò shān.
我 以前 爬过 那 座 山。

Wǒ cónglái méi páguo nà zuò shān.
我 从来 没 爬过 那 座 山。

Nǐ méi xuéguo Fǎyǔ, fāyīn zěnme zhème hǎo?
你 没 学过 法语，发音 怎么 这么 好？

Wǒ hěn kě, xiǎng hē diǎnr shénme.
我 很 渴，想 喝 点儿 什么。

Wǒ hǎoxiàng zài nǎr jiànguo tā.
我 好像 在 哪儿 见过 她。

Shéi yǒu wèntí, shéi xiān wèn.
谁 有 问题，谁 先 问。

Tā de bìng hǎo le.
他 的 病 好 了。

Xiànzài jǐ diǎn le?　　Liù diǎn bàn le.
现在 几 点 了？—— 六 点 半 了。

Míngtiān de pàiduì nǐ qù cānjiā ma?　　Wǒ bú qù le.
明天 的 派对 你 去 参加 吗？—— 我 不 去 了。

Háizi huì shuōhuà le.
孩子 会 说话 了。

迷你对话 Mínǐ duìhuà ミニダイアログ

Nǐ hēguo Zhōngguó chá ma?
A: 你 喝过 中国 茶 吗？

Hēguo wūlóngchá, huāchá, Lóngjǐngchá shénmede.
B: 喝过 乌龙茶、花茶、龙井茶 什么的。

Rìběnrén dōu xǐhuan hē wūlóngchá ma?
A: 日本人 都 喜欢 喝 乌龙茶 吗？

Bù yídìng.
B: 不 一定。

生词

病 名 bìng	花茶 名 huāchá	问 動 wèn
不一定 組 bù yídìng	就 副 jiù	问题 名 wèntí
从来 副 cónglái	渴 形 kě	下班 動 xiàbān
点儿 量 diǎnr	龙井茶 固 Lóngjǐngchá	已经 副 yǐjing
汾酒 固 Fénjiǔ	爬 動 pá	以前 名 yǐqián
该 助動 gāi	扑克 名 pūkè	早 形 zǎo
告辞 動 gàocí	山 名 shān	这么 代 zhème
过 助 guo	什么的 組 shénmede	中午 名 zhōngwǔ
好像 副 hǎoxiàng	睡觉 動 shuìjiào	座 量 zuò

第 **18** 课

学習のポイント

❶ アスペクト助詞 "过"

動詞の後にアスペクト助詞の "过" をつけて「～したことがある」という経験を表す。否定は副詞 "没（有）" を用い、"过" はつけたままにする。　cf. 第17課の "了" は否定で消える。

Nǐ hēguo Lóngjǐngchá ma?
你 喝过 龙井茶 吗？

Wǒ hēguo.
—— 我 喝过。

Nǐ xuéguo tàijíquán ma?
你 学过 太极拳 吗？

Méiyǒu, wǒ méi xuéguo tàijíquán.
—— 没有， 我 没 学过 太极拳。

❷ 疑問詞の不定用法と疑問詞の呼応

疑問詞は疑問文以外に用いられることがある。日本語の「何？」という疑問詞が「何か」と使われることがあるのと同じ。

Wǒ xiǎng chī diǎnr shénme.
我 想 吃 点儿 什么。

Nǐ xiǎng chī diǎnr shénme?
cf. 你 想 吃 点儿 什么？

Nǐ yǒu shénme wèntí ma?
你 有 什么 问题 吗?

Nǐ yǒu shénme wèntí?
cf.你 有 什么 问题?

Zhè jiàn shì hǎoxiàng shéi gàosuguo wǒ.
这 件 事 好像 谁 告诉过 我。

Zhè jiàn shì shéi gàosuguo wǒ?
cf.这 件 事 谁 告诉过 我?

前後のフレーズに同じ疑問詞を用いる呼応表現は「(前の部分で示す) 条件に当てはまるもの全て」という意味で用いられる。たとえば、以下の文は「いくらか (多少) を食べたいなら、そのいくらかを食べなさい」＝「食べたいだけ食べなさい」の意味になる。

Xiǎng chī duōshǎo, jiù chī duōshǎo.
想 吃 多少, 就 吃 多少。

"就" は接続副詞で、前の部分で示された条件であれば即 (すぐに) 後ろの帰結になることを表す。

「～なら (即) …、～すると (すぐ) …」のニュアンス。

❸ 語気助詞 "了"

文末につけて、状況の変化、新しい事態の出現といった語気をあらわす。「～になった」

Jǐ diǎn le?   Liù diǎn bàn le.
几 点 了?——六 点 半 了。

Háizi huì shuōhuà le.
孩子 会 说话 了。

Shíjiān bù zǎo le, wǒ gāi gàocí le.
时间 不 早 了, 我 该 告辞 了。

Yǐjing méiyǒu le.
已经 没有 了。

Wǒ jīntiān bú qù le.
我 今天 不 去 了。

Wǒ jīntiān bú qù.
cf.我 今天 不 去。

❶ 「疑問詞の呼応」を使って、中国語に訳してみよう。

(1) 何でも好きなもの（飲みたいもの）を飲んでいい。

_____

(2) どれでもほしい本を買ってあげよう。

_____

(3) どこでも君が行きたいところに私たちは行きましょう。

_____

❷ 下線部を入れ替えて会話練習をしてみよう。

　　　　　　Nǐ　　　　　guo　　　　ma?
　A：你_____过_____吗?

　　　　　　Wǒ　　　　guo.　Wǒ　méi　　　　guo.
　B：我_____过。/ 我 没_____过。

　　　chī　　　Běijīng　kǎoyā　　　　　　xué　　　Déyǔ
(1) 吃　　　北京　烤鸭　　(3) 学　　　德语

　　　hē　　　Fénjiǔ　　　　　　　　　dǎ　　　pūkè
(2) 喝　　　汾酒　　　　　　(4) 打　　　扑克

❸ 与えられた語句を選んで、中国語で表現してみよう。

（　　　　　　　）了, 该（　　　　　　　）了。

早上七点　　　吃饭 chīfàn ／ 起床 qǐchuáng ／ 睡觉 shuìjiào ／ 下班 xiàbān

中午十二点

下午五点

晚上十一点

❹ 自分の「成長」を振り返ってみよう。10 年前、5 年前、1 年前、半年前、1 ヶ月前、昨日と比べて、変わったことを、語気助詞の "了" を使って表現してみよう。(ex. 会说一点儿汉语了。とか、喜欢看电影了。など)

课文 　我在玩儿手机游戏。

087

　　　　Nǐ zài gàn shénme?
A：你 在 干 什么？

　　　　Wǒ zài wánr shǒujī yóuxì.
B：我 在 玩儿 手机 游戏。

　　　　Nǐ měitiān wánr duōcháng shíjiān yóuxì?
A：你 每天 玩儿 多长 时间 游戏？

　　　　Dàgài wánr liǎng ge xiǎoshí zuǒyòu.
B：大概 玩儿 两 个 小时 左右。

　　　　Wǒ méi wánrguo shǒujī yóuxì, nǐ juéde hǎowánr ma?
A：我 没 玩儿过 手机 游戏，你 觉得 好玩儿 吗？

　　　　Hěn hǎowánr.
B：很 好玩儿。

　　　　Shì ma? Búguò bié wánr le, zánmen sàn yíhuìr bù ba.
A：是 吗？不过 别 玩儿 了，咱们 散 一会儿 步 吧。

迷你对话 Mínǐ duìhuà ミニダイアログ

088

　　　　Māma xiàbān le ma?
A：妈妈 下班 了 吗？

　　　　Xiàbān le. Zhèng zài zuò fàn ne.
B：下班 了。正 在 做 饭 呢。

　　　　Jiějie ne?
A：姐姐 呢？

　　　　Tā zài zhěnglǐ fángjiān ne.
B：她 在 整理 房间 呢。

　　　　Nǐ ne? Nǐ shì bu shì yìzhí zài zhèlǐ kàn diànshì?
A：你 呢？你 是 不 是 一直 在 这里 看 电视？

　　　　Duìbuqǐ. Wǒ bú kàn le.
B：对不起。我 不 看 了。

生词

帮忙 動 bāngmáng	年 名 nián	一会儿 名 yíhuìr
毕业 動 bìyè	散步 動 sànbù	音乐 名 yīnyuè
电视 名 diànshì	首 量 shǒu	游戏 名 yóuxì
干 動 gàn	睡 動 shuì	在 副 zài
个月 組 ge yuè	天 名 tiān	正 副 zhèng
好玩儿 形 hǎowánr	听 動 tīng	整理 動 zhěnglǐ
觉得 動 juéde	小时 名 xiǎoshí	中文 固 Zhōngwén

第 **19** 课

学習のポイント

090

❶ 進行の副詞 "在"

"在" を副詞として述語の前に用い、動作が進行中であることを表す。「〜している」の意味。

Lǐ lǎoshī zài shàng kè.
李 老师 在 上 课。

Wǒ zài tīng yīnyuè.
我 在 听 音乐。

「ちょうど」の意味の副詞 "正" をともなうこともある。また文末に語気助詞 "呢" をともなうこともある。

Wǒ zhèng zài liànxí huà huàr ne.
我 正 在 练习 画 画儿 呢。

❷ 時量補語

動作・状態が続く時間量を動詞の後ろから補う成分を時量補語という。以下の2つの語順がある。

動詞＋時量補語＋目的語

Wǒ xuéle sān nián Hànyǔ.
我 学了 三 年 汉语。

動詞＋目的語＋動詞＋時量補語

Wǒ xué Hànyǔ xuéle sān nián.
我 学 汉语 学了 三 年。

時間量表現

中国語	fēn(zhōng) 分（钟）	(ge)xiǎoshí （个）小时	tiān 天	(ge)xīngqī （个）星期	ge yuè 个月	nián 年
日本語	分間	時間	日	週間	ヶ月	年

❸ 離合詞

二音節動詞で「動詞＋目的語」の構成のものは、動詞の間に時間量や数量を表す語句、助詞などが入ることがある。このような動詞を離合詞という（辞書ではピンインに // を入れて離合することを示す）。

聊天→聊一会儿天 liáo//tiān → liáo yíhuìr tiān
游泳→游半个小时泳 yóu//yǒng → yóu bàn ge xiǎoshí yǒng
打工→打了两天工 dǎ//gōng → dǎle liǎng tiān gōng

重ね型にする場合は前の動詞の部分だけを重ねることに注意。

散步→散散步 sàn//bù → sàn san bù

離合詞はそれ自体「動詞＋目的語」の構造であるため、それ以上は目的語を置けず、「～を」に当たる語句の入れ方に注意が必要なものがある。

帮忙→帮你的忙 bāng//máng → bāng nǐ de máng ×帮忙你
毕业→大学毕业 bì//yè → dàxué bìyè ×毕业大学

❶ 与えられた語句を選んで、下の（　　　）に入れ、中国語で表現してみよう。

sān　ge　xiǎoshí　wǔ　nián　sì　tiān
三　个　小时 / 五　年 / 四　天

Wǒ　měi　xīngqī　zài　zhèli　dǎ　　　　　gōng.
我　每　星期　在　这里　打（　　　）工。

Tiánzhōng　xuéle　　　　　Yīngyǔ.
田中　学了（　　　）英语。

Wǒ　zuótiān　kànle　　　　　diànshì.
我　昨天　看了（　　　）电视。

第
19
课

❷ 自分のことを言ってみよう。友だちのことを聞いてみよう。

　　Nǐ　zhèng　zài　gàn　shénme　ne?
A : 你　正　在　干　什么　呢？

　　Wǒ　zhèng　zài　　　　　ne.
B : 我　正　在（　　　）呢。

　　Nǐ　měitiān　shuì　jǐ　ge　xiǎoshí　jiào?
A : 你　每天　睡　几　个　小时　觉？

　　Wǒ　měitiān　shuì　　　　　xiǎoshí. Nǐ　ne?
B : 我　每天　睡（　　　）小时。你　呢？

　　Nǐ　huì　chàng　jǐ　shǒu　Zhōngwén　gē?
A : 你　会　唱　几　首　中文　歌？

　　Wǒ　huì　chàng　　　　　shǒu Zhōngwén　gē. Wǒ　bú　huì　chàng.
B : 我　会　唱（　　　）首　中文　歌 / 我　不　会　唱。

课文

新郎穿着唐装，新娘穿着旗袍。

 091

Wǒ kànguo sān biàn Lǔ Xùn xiě de nà bù xiǎoshuō.
我 看过 三 遍 鲁迅 写 的 那 部 小说。

Wǒ zài Zháhuǎng jùdàn kànguo sān cì bàngqiú bǐsài.
我 在 札幌 巨蛋 看过 三 次 棒球 比赛。

Nǐ qùguo jǐ cì Zhìnèi? —— Wǒ qùguo nàr liǎng cì.
你 去过 几 次 稚内？ —— 我 去过 那儿 两 次。

Xīnláng chuānzhe tángzhuāng, xīnniáng chuānzhe qípáo, tāmen dōu hěn
新郎 穿着 唐装， 新娘 穿着 旗袍，他们 都 很

kāixīn.
开心。

Nǐ māma dàizhe yǎnjìng ma?
你 妈妈 戴着 眼镜 吗？

Méiyǒu, tā dàizhe yǐnxíng yǎnjìng.
—— 没有， 她 戴着 隐形 眼镜。

迷你对话 Mínǐ duìhuà ミニダイアログ

092

Nǐ qùguo Zhōngguó ma?
A：你 去过 中国 吗？

Dāngrán, wǒ qùguo hěn duō cì.
B：当然，我 去过 很 多 次。

Zhēnde ma? Hǎo lìhai! Qùguo nǎli?
A：真的 吗？ 好 厉害！去过 哪里？

Běijīng、Shànghǎi hé Sìchuān. Sìchuān chúle mápódòufu
B：北京、 上海 和 四川。四川 除了 麻婆豆腐

yǐwài hái yǒu hěn duō měishí.
以外 还 有 很 多 美食。

生词

093

爱好 名 àihào

阿拉伯语 固 Ālābóyǔ

遍 量 biàn

除了…以外 组 chúle…yǐwài

戴 动 dài

当然 副 dāngrán

大衣 名 dàyī

等 动 děng

迪士尼乐园 固 Díshìnílèyuán

汉族 固 Hànzú

和服 名 héfú

合适 形 héshì

开心 形 kāixīn

烤羊肉 名 kǎoyángròu

酷 形 kù

裤子 名 kùzi

鲁迅 固 Lǔ Xùn

芒果冰 名 mángguǒbīng

毛衣 名 máoyī

帽子 名 màozi

麻婆豆腐 名 mápódòufu

美食 名 měishí

民族 名 mínzú

欧洲 固 Ōuzhōu

旗袍 名 qípáo

其他 代 qítā

裙子 名 qúnzi

上海 固 Shànghǎi

少数 形 shǎoshù

手表 名 shǒubiǎo

手套 名 shǒutào

帅 形 shuài

涮羊肉 名 shuànyángròu

四川 固 Sìchuān

趟 量 tàng

唐装 名 tángzhuāng

特别 形 tèbié

T 恤 名 T-xù

外国 名 wàiguó

午睡 动 wǔshuì

新郎 名 xīnláng

新娘 名 xīnniáng

隐形眼镜 名 yǐnxíng yǎnjìng

着 助 zhe

真的 副 zhēnde

珍珠奶茶 名 zhēnzhūnǎichá

稚内 固 Zhìnèi

学習のポイント

094

❶ 動量補語　主語＋動詞＋ 回数表現（数詞＋動量詞） ＋目的語

動量（1回2回のように動作を行う回数のこと）を動詞の後ろから補う成分を動量補語という。基本的に動量補語は動詞と目的語の間に置くが、目的語の後ろでも構わない。

Wǒ tīngguo hěn duō cì Zhōngguó yīnyuè.
我 听过 很 多 次 中国 音乐。

Wǒ qùnián qùle liǎng cì Ōuzhōu.
我 去年 去了 两 次 欧洲。

第 **20** 课

Qǐng zài shuō yí biàn.
请   再   说   一   遍。

Hánjià wǒ dǎsuàn huí yí tàng lǎojiā.
寒假   我   打算   回   一   趟   老家。

Qǐng gěi wǒ jièshào yíxià nǐ mèimei ba.
请   给   我   介绍   一下   你   妹妹   吧。

ただし目的語が代詞の場合は必ず目的語（代詞）が前、動量補語が後ろに来る。

Wǒ zhǐ qùguo nàr yí cì.   Xiān děng tāmen yíxià ba.
我   只   去过   那儿   一   次。   先   等   他们   一下   吧。

❷ アスペクト助詞 V+"着"＋（呢） V している

動作を行った後の状態が持続していることを表す。

Nǐ kàn, wǒ chuānzhe héfú ne.
你   看，我   穿着   和服   呢。

Tā méi dàizhe yǎnjìng.
她   没   戴着   眼镜。

Xiànzài mén kāizhe ne ma?   Xiànzài méi kāizhe.
现在   门   开着   呢   吗？ —— 现在   没   开着。

意味の違いを確認してみよう。

Tā chuān dàyī.   Tā zài chuān dàyī.   Tā chuānzhe dàyī.
她   穿   大衣。   她   在   穿   大衣。   她   穿着   大衣。

❸ "除了……以外"

「〜以外に」「〜を除いて」。"也"や"还"と併せて使うことが多い。

Tā chúle Hànyǔ yǐwài, yě huì shuō Ālābóyǔ.
她   除了   汉语   以外，也   会   说   阿拉伯语。

Běihǎidào chúle kǎoyángròu yǐwài hái yǒu shuànyángròu.
北海道   除了   烤羊肉   以外   还   有   涮羊肉。

Zhōngguó chúle Hànzú yǐwài, hái yǒu wǔ shi wǔ ge shǎoshù mínzú.
中国   除了   汉族   以外，还   有   五   十   五   个   少数   民族。

Chúle wǔshuì yǐwài, nǐ méiyǒu qítā àihào ma?
除了   午睡   以外，你   没有   其他   爱好   吗？

❶ "着" を使って身に着けるものの表現を練習しよう。

Nǐ　chuān　dàizhe shénme　ne?
A：你　穿／戴着 什么　呢?

Nǐ　kàn　zěnmeyàng?
B：我　穿／戴着＿＿＿＿＿＿＿＿＿ 呢。你　看　怎么样?

A：＿＿＿＿＿＿＿＿。

	kùzi	qúnzi	máoyī	T-xù
穿 :	裤子	裙子	毛衣	T恤

	yǎnjìng	màozi	shǒubiǎo	shǒutào
戴 :	眼镜	帽子	手表	手套

hǎo　kù　　　fēicháng shuài　　　hěn　tèbié　　　zhèng　héshì
好　酷　　　非常　帅　　　很　特别　　　正　合适

❷ 何回〜したことがありますか?

A：你 ＿＿＿＿＿＿ 过几次 ＿＿＿＿＿＿ ?

B：我 ＿＿＿＿＿＿ 过 ＿＿＿＿＿＿ 次 ＿＿＿＿＿＿。

kàn　　qù　　chī　　hē
V：看　去　吃　喝

Zhōngguó diànyǐng　　wàiguó　　Díshìnílèyuán
O：中国　电影　外国　迪士尼乐园

mángguǒbīng　　　zhēnzhūnǎichá
芒果冰　　　珍珠奶茶

❸ "除了〜以外〜" を使って北海道や札幌、北大を紹介してみましょう。

北海道には洞爺湖以外に支笏湖もあります。
札幌にはラーメン以外にスープカレーもあります。
北海道大学にはカラス以外に、キツネもいます。
……単語を調べて自分でも作ってみましょう。

＿＿＿＿＿＿＿＿＿＿＿＿＿＿＿＿＿＿＿＿＿＿＿＿＿＿＿＿

＿＿＿＿＿＿＿＿＿＿＿＿＿＿＿＿＿＿＿＿＿＿＿＿＿＿＿＿

第 **20** 课

他在北京住了三年了。

Tā zài Běijīng zhùle sān nián le.
他 在 北京 住了 三 年 了。

095

Wǒmen yǐjing chàngle sì ge xiǎoshí kǎlāOK le, bù xiǎng
我们 已经 唱了 四 个 小时 卡拉OK 了, 不 想

chàng le.
唱 了。

Tā dàxué sì niánjí le, kuài yào bìyè le.
她 大学 四 年级 了, 快 要 毕业 了。

Kuài dào Chūnjié le, wǒ xiǎng hǎohāor fàngsōng yíxià.
快 到 春节 了, 我 想 好好儿 放松 一下。

Míngtiān jiù yào líkāi nǐmen le.
明天 就 要 离开 你们 了。

Zhù nǐ yílù píng'ān!
—— 祝 你 一路 平安!

迷你对话 Mínǐ duìhuà ミニダイアログ

096

Kuài fàngjià le.
A：快 放假 了。

Shì a. Xià xīngqī jiù yào fàng hánjià le.
B：是 啊。下 星期 就 要 放 寒假 了。

Nǐmen xuéxiào fàng jǐ tiān jià?
A：你们 学校 放 几 天 假?

Chàbuduō liǎng ge xīngqī.
B：差不多 两 个 星期。

Zhōngguó Yuándàn zhǐ fàng sān tiān jià. Dànshì Chūnjié fàng yí
A：中国 元旦 只 放 三 天 假。但是 春节 放 一

ge xīngqī.
个 星期。

生词

半天 名 bàntiān	健康 形 jiànkāng	球 名 qiú
操场 名 cāochǎng	结婚 动 jiéhūn	踢 动 tī
差不多 副 chàbuduō	进步 动 jìnbù	网 名 wǎng
但是 接 dànshì	就要 副 jiùyào	小张 固 Xiǎo-Zhāng
到 动 dào	卡拉 OK 名 kǎlā OK	一路平安 组 yílù píng'ān
法定假日 名 fǎdìng jiàrì	快 副 kuài	愉快 形 yúkuài
放假 动 fàngjià	快乐 形 kuàilè	周末 名 zhōumò
放松 动 fàngsōng	离开 动 líkāi	住 动 zhù
干杯 动 gānbēi	马上 副 mǎshàng	祝 动 zhù
刚 副 gāng	年级 名 niánjí	足球 名 zúqiú
好好儿 副 hǎohāor	瓶 量 píng	

第 **21** 课

学習のポイント

❶ "了" を2回用いる場合

動作がある程度（分量）に達したことを途中経過として伝える表現。

Tāmen zài cāochǎng shàng tīle sān ge xiǎoshí zúqiú le.
他们 在 操场 上 踢了 三 个 小时 足球 了。

Wǒ yǐjing kànle liǎng ge xiǎoshí diànshì le.
我 已经 看了 两 个 小时 电视 了。

その程度（分量）を強調するニュアンスをもつ場合もある。

Bǐsài gāng kāishǐ shí fēnzhōng, jiù jìnle sān ge qiú le.
比赛 刚 开始 十 分钟, 就 进了 三 个 球 了。

Xiǎo-Zhāng hēle sān píng píjiǔ le.
小张 喝了 三 瓶 啤酒 了。

Yǐjing děngle bàntiān le.
已经 等了 半天 了。

❷ 快~了，要~了，快要~了，就要~了
「もうすぐ~する、まもなく~する」

Tā kuài yào huí guó le.
他 快 要 回 国 了。

Wǒ nǚ'ér kuài liǎng suì le.
我 女儿 快 两 岁 了。

時間の表現がある場合は「要~了」「就要~了」を使う。

Xià ge yuè tā yào huí guó le.
下 个 月 他 要 回 国 了。

Tā mǎshàng jiù yào jiéhūn le.
她 马上 就 要 结婚 了。

❸ 祈願文
「~でありますように」の意味。

Zhù nǐ yílù píng'ān!
祝 你 一路 平安！

Zhù dàjiā zhōumò yúkuài!
祝 大家 周末 愉快！

❶ 自分のことを言ってみよう。友だちのことを聞いてみよう。

Nǐ jīntiān shàngle jǐ ge xiǎoshí wǎng le?
A : 你 今天 上了 几 个 小时 网 了？

Wǒ shàngle   ge xiǎoshí wǎng le.
B : 我 上了 （   ）个 小时 网 了。

Nǐ xuéle duōcháng shíjiān Hànyǔ le?
A : 你 学了 多长 时间 汉语 了？

Wǒ xuéle   le.
B : 我 学了 （   ）了。

Kuài fàng hánjià le, nǐ dǎsuàn zuò shénme?
A : 快 放 寒假 了，你 打算 做 什么？

Wǒ dǎsuàn   .
B : 我 打算 （   ）。

❷ A〜Cの語句に入れ替えて、中国語で表現してみよう。

Zhù   ! Gānbēi!
祝 ＿＿＿＿＿＿＿＿＿＿＿＿＿＿＿＿ ! 干杯!

nǐ shēngrì kuàilè
A : 你 / 生日 / 快乐

nǐmen shēntǐ jiànkāng
B : 你们 / 身体 / 健康

dàjiā xuéxí jìnbù
C : 大家 / 学习 / 进步

❸ 中国の"法定假日 fǎdìng jiàrì"について調べてみよう。休日の調整など日本と異なるので、中国旅行のスケジュール計画の際には要注意！

快下雨了。带好雨伞吧。

Wàimiàn xià xuě le.
外面 下 雪 了。

099

Nà jiā yàodiàn de kǒuzhào dōu màiguāng le, méi mǎidào.
那 家 药店 的 口罩 都 卖光 了，没 买到。

Nǐ xǐhuan wǒ, háishi xǐhuan gōngzuò? Shuōqīngchu ba!
你 喜欢 我，还是 喜欢 工作？ 说清楚 吧！

Zhège yuè de shēnghuó fèi nǐ yòngwán le ma?
这个 月 的 生活 费 你 用完 了 吗？

Lǎoshī shuō de huà, nǐ tīngdǒng le ma?
老师 说 的 话，你 听懂 了 吗？

　　　Wǒ tīngdǒng le. Duìbuqǐ, yǒuxiē méi tīngdǒng.
—— 我 听懂 了。/ 对不起，有些 没 听懂。

Wǒ māma chángcháng yìbiān zuò fàn yìbiān chàng gē.
我 妈妈 常常 一边 做 饭 一边 唱 歌。

Nǐmen búyào yìbiān shàng kè, yìbiān wánr shǒujī.
你们 不要 一边 上 课，一边 玩儿 手机。

Nà jiā lāmiàn diàn búdàn hěn piányi, érqiě miàntiáo de liàng
那 家 拉面 店 不但 很 便宜，而且 面条 的 量

hěn duō.
很 多。

迷你对话 Mínǐ duìhuà ミニダイアログ

100

Kuài xià yǔ le. Dàihǎo yǔsǎn ba.
A：快 下 雨 了。带好 雨伞 吧。

Zhīdào le. Nǐ de yǔsǎn jiègěi wǒ ba.
B：知道 了。你 的 雨伞 借给 我 吧。

Hǎo a. Yòngwán le huángěi wǒ a.
A：好 啊。用完 了 还给 我 啊。

生词

饱 形 bǎo	花 名 huā	完 动 wán
不但 接 búdàn	还 动 huán	性格 名 xìnggé
常常 副 chángcháng	环境 名 huánjìng	新鲜 形 xīnxiān
错 动 cuò	口音 名 kǒuyin	雪 名 xuě
带 动 dài	口罩 名 kǒuzhào	严 形 yán
懂 动 dǒng	雷 名 léi	药店 名 yàodiàn
对 介 duì	量 名 liàng	一边…一边… 组 yìbiān…yìbiān…
而且 接 érqiě	面条 名 miàntiáo	有些 代 yǒuxiē
法国 固 Fǎguó	拼音 名 pīnyīn	雨 名 yǔ
方便 形 fāngbiàn	骑 动 qí	雨伞 名 yǔsǎn
费 名 fèi	清楚 形 qīngchu	预习 动 yùxí
风 名 fēng	生活 名 shēnghuó	知道 动 zhīdào
刮 动 guā	蔬菜 名 shūcài	重 形 zhòng
光 形 guāng	谈 动 tán	自己 代 zìjǐ
海鲜 名 hǎixiān	外面 名 wàimiàn	作业 名 zuòyè

第 **22** 课

学習のポイント

❶ 存現文（自然現象）

存現文とはある場所に何かが存在したり現れたりすることを表す文のこと。
意味主体は述語の後ろに置く。ここでは自然現象に関するものを扱う。

Xià yǔ le.
○ 下 雨 了。　　　× 雨下了。

Wàibiānr xià xuě le.　　　Kāi huā le.
外边儿 下 雪 了。　　开 花 了。

❷ 結果補語

動詞の後ろに着いて、その動作をした結果どうなったのかを示す表現。結果補語には動詞、形容詞などがなる。

例　看 + 結果補語：看见 kànjiàn　　看到 kàndào　　看完 kànwán　　看懂 kàndǒng　　看错 kàncuò

我做完作业了。	Wǒ zuòwán zuòyè le.
你学会开车了吗?	Nǐ xuéhuì kāichē le ma?
── 对, 我学会了。	── Duì, wǒ xuéhuì le.
──没有, 我还没学会。	── Méiyǒu, wǒ hái méi xuéhuì.
你吃饱了没有?	Nǐ chībǎo le méiyǒu?
── 我吃饱了。/ 我还没吃饱呢。	── Wǒ chībǎo le./ Wǒ hái méi chībǎo ne.
我写错了那个字的拼音。	Wǒ xiěcuòle nàge zì de pīnyīn.
这台电脑可以借给我吗?	Zhè tái diànnǎo kěyǐ jiègěi wǒ ma?
先坐在那里等一下。	Xiān zuòzài nàli děng yíxià.

否定は"没"を用いる。

他的汉语口音很重, 我没听懂。	Tā de Hànyǔ kǒuyin hěn zhòng, wǒ méi tīngdǒng.
今天的作业太多了, 我还没做完。	Jīntiān de zuòyè tài duō le, wǒ hái méi zuòwán.
对不起, 今天我没有预习好。	Duìbuqǐ, jīntiān wǒ méiyǒu yùxíhǎo.

❸ 一边~一边~　~しながら~する

同時進行で行うことを表す固定表現、"一"を省略し"边~边~"とすることもある。

爸爸一边吃早饭, 一边看报纸。	Bàba yìbiān chī zǎofàn, yìbiān kàn bàozhǐ.
我喜欢一边喝咖啡, 一边看书。	Wǒ xǐhuan yìbiān hē kāfēi, yìbiān kàn shū.
别一边骑自行车, 一边玩儿手机。	Bié yìbiān qí zìxíngchē, yìbiān wánr shǒujī.
咱们边走边谈吧。	Zánmen biān zǒu biān tán ba.

❹ 不但~而且~　~だけでなく、~も

她不但会做中国菜, 而且还会做法国菜。

Tā búdàn huì zuò Zhōngguó cài, érqiě hái huì zuò Fǎguó cài.

他不但很帅, 而且性格也很好。　　Tā búdàn hěn shuài, érqiě xìnggé yě hěn hǎo.

那位老师不但对学生很严, 而且对自己也很严。

Nà wèi lǎoshī búdàn duì xuésheng hěn yán, érqiě duì zìjǐ yě hěn yán.

❶ 存現文を使って天気を表現してみましょう。

xià yǔ	xià xuě	guā fēng	dǎ léi
下 雨	下 雪	刮 风	打 雷

❷ 動詞と結果補語を組み合わせて、ニュアンスの違いを確認し、文を作ってみましょう。

動詞：

chī	kàn	tīng	zuò	mǎi	xué
吃	看	听	做	买	学

結果補語：

dǒng	dào	hǎo	qīngchu	huì	jiàn	wán	lèi
懂	到	好	清楚	会	见	完	累

第22课

_____

_____

_____

❸ "一边～一边～" を使って会話してみましょう。

Nǐ xǐhuan zuò shénme?
A : 你 喜欢 做 什么？

Wǒ xǐhuan yìbiān   yìbiān   .
B : 我 喜欢 一边 _____ 一边 _____ 。

❹ "不但～而且～" を使って自分の故郷の良いところを紹介しましょう。

Wǒmen lǎojiā búdàn huánjìng hěn hǎo, érqiě shēnghuó yě hěn fāngbiàn.
例 我们 老家 不但 环境 很 好， 而且 生活 也 很 方便。

Běihǎidào búdàn hǎixiān fēicháng xīnxiān, érqiě shūcài yě fēicháng hǎochī.
例 北海道 不但 海鲜 非常 新鲜， 而且 蔬菜 也 非常 好吃。

自分で単語を調べて、文を作ってみましょう。

_____

_____

课文 我一到冬天就去滑雪。

Tiānqì yuè lái yuè lěng le.
A：天气 越 来 越 冷 了。

103

Yòu xià xuě le. Nǐ huì huáxuě ma?
B：又 下 雪 了。你 会 滑雪 吗？

Dāngrán huì.
A：当然 会。

Wǒ shì Běihǎidào rén, yí dào dōngtiān jiù qù huáxuě.
我 是 北海道 人，一 到 冬天 就 去 滑雪。

Wǒ bú huì huáxuě, nǐ jiāo wǒ ba.
B：我 不 会 滑雪，你 教 我 吧。

Hǎo a. Nǐ kàn, Dàyěchí shàng fùgàizhe xuě, gèng měi le.
A：好 啊。你 看，大野池 上 覆盖着 雪，更 美 了。
Zhè tiáo lù zhòngzhe hěn duō yínxìng shù, jiào Yínxìng línyīndào.
这 条 路 种着 很 多 银杏 树，叫 银杏 林荫道。

Hǎo měi! Xuě yuè xià yuè dà. Lù yǒudiǎnr huá.
B：好 美！雪 越 下 越 大。路 有点儿 滑。
Wǒ zuótiān shuāile yì jiāo, yì shuāidǎo jiù gǎnkuài
我 昨天 摔了 一 跤，一 摔倒 就 赶快
páqǐlai le. Hái hǎo méiyǒu rén kànjiàn.
爬起来 了。还 好 没有 人 看见。

Dōngtiān yào chuān fánghuá xié, mànmānr zǒu.
A：冬天 要 穿 防滑 鞋，慢慢儿 走。

Zhèr yǒu yì jiā lāmiàn diàn, wǒmen qù chī lāmiàn ba.
B：这儿 有 一 家 拉面 店，我们 去 吃 拉面 吧。

Hǎo a. Tài lěng le, kuài jìnqu ba.
A：好 啊。太 冷 了，快 进去 吧。

生 词

摆 動 bǎi	挂 動 guà	摔 動 shuāi
出 動 chū	还好 組 hái hǎo	贴 動 tiē
窗 名 chuāng	滑 形 huá	夏天 名 xiàtiān
倒 動 dǎo	滑雪 動 huáxuě	鞋 名 xié
大野池 固 Dàyěchí	回答 動 huídá	一…就… 組 yī…jiù…
冬天 名 dōngtiān	跤 量 jiāo	银杏林荫道 固 Yínxìng línyīndào
防滑 形 fánghuá	楼 名 lóu	又 副 yòu
风铃 名 fēnglíng	路 名 lù	越来越… 組 yuè lái yuè…
幅 量 fú	美 形 měi	越…越… 組 yuè…yuè…
覆盖 動 fùgài	起 動 qǐ	站 動 zhàn
钢琴 名 gāngqín	墙 名 qiáng	种 動 zhòng
赶快 副 gǎnkuài	树 名 shù	

学習のポイント

❶ 固定表現 "越来越…"

「ますます／だんだん…になる」という意味。"越…越…"は「…すればするほど／であればあるほど…」。

Tiānqì yuè lái yuè lěng le.
天气 越 来 越 冷 了。

Xuě yuè xià yuè dà.
雪 越 下 越 大。

❷ 固定表現 "一…就…"

「…するとすぐ…」の意味。(接続副詞 "就" →第18課)

Wǒ yí dào dōngtiān jiù qù huáxuě.
我 一 到 冬天 就 去 滑雪。

Yì shuāidǎo jiù gǎnkuài páqǐlai le.
一 摔倒 就 赶快 爬起来 了。

❸ 存現文 場所詞＋Ｖ＋"着"＋モノ／人

存在を表す存現文。「(場所) に…が…してある」の意。動詞＋"着"は動作の結果状態の持続を表すアスペクト助詞 (→第20課)。

种 (植える) →种着 (植えてある)
挂 (掛ける) →挂着 (掛けてある)
放 (置く) →放着 (置いてある)

Zhè tiáo lù zhòngzhe hěn duō yínxìng shù.
这 条 路 种着 很 多 银杏树。

Chuāng biān guàzhe yí ge fēnglíng.
窗 边 挂着 一 个 风铃。

Fángjiān lǐ fàngzhe yí jià gāngqín.
房间 里 放着 一 架 钢琴。

❹ 方向補語 Ｓ＋Ｖ＋方向補語

方向補語は動詞の後に方向を表す動詞が来て補語となり、事物が運動・移動する方向を表す。

	上 shàng	下 xià	进 jìn	出 chū	回 huí	过 guò	起 qǐ
来 lái	上来	下来	进来	出来	回来	过来	起来
去 qù	上去	下去	进去	出去	回去	过去	－

Kuài jìnqu ba.
快 进去 吧。

Huídá wèntí shí, bú yòng zhànqǐlai.
回答 问题 时, 不 用 站起来。

場所目的語は "来／去" の前に来る。

Lǎoshī jìn jiàoshì lái le.
老师 进 教室 来 了。

🕊 练习

❶ 文を完成させて会話してみよう。

Tiānqì yuè lái yuè　　　　　　　le.
A：天气 越 来 越（　　　　）了。
Shì a. Wǒ yí dào xiàtiān jiù　　　　.
B：是 啊。我 一 到 夏天 就（　　　　）。
Nǐ de Hànyǔ　　　　　　　le.
A：你 的 汉语（　　　　）了。
Xièxie! Wǒ yi　　　　　jiù　　　　.
B 谢谢! 我 一（　　　　）就（　　　　）。

"一"の声調は，後続の語によって変わる。

❷ "着"を使って文を作り、左のイラストを完成させよう。さらに、友だちが言った文を聞いて、右のイラストを完成させよう。

fángjiān lǐ qiáng shàng zhuōzi shàng chuāng biān fàng guà bǎi tiē
房间 里 / 墙 上 / 桌子 上 / 窗 边 / 放 / 挂 / 摆 / 贴
yì zhāng yì fú yì tái yí ge zhuōzi huàr diànnǎo fēnglíng
一张 / 一幅 / 一台 / 一个 / 桌子 / 画儿 / 电脑 / 风铃

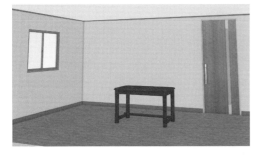 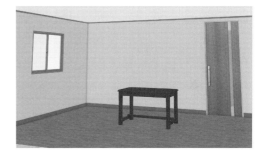

❸ 方向補語を使って文を完成させ読んでみよう。

Wǒ zài lǐbiān, nǐ kuài　　　　ba.
我 在 里边，你 快（　　　　）吧。
Língmù mǎshàng jiù yào cóng Zhōngguó　　　　le.
铃木 马上 就要 从 中国（　　　　）了。
Zhè shì qī lóu, bā lóu cóng zhèr　　　　.
这 是 七 楼，八 楼 从 这儿（　　　　）。
Kuài shàng kè le, gǎnkuài zuò　　　　.
快 上 课 了，赶快 坐（　　　　）。

我先把鸡蛋炒了。

 课 文

106

A：Wǒ zuìjìn yuè lái yuè xǐhuan zuò cài le.
我 最近 越 来 越 喜欢 做 菜 了。

Wǒ jiāo nǐ zuò xīhóngshì chǎojīdàn ba.
我 教 你 做 西红柿 炒鸡蛋 吧。

Xiān bǎ jīdàn chǎo le, zài bǎ qiēhǎo de xīhóngshì fàngjìnqu.
先 把 鸡蛋 炒 了，再 把 切好 的 西红柿 放进去。

B：Hǎo lìhai. Wǒ lián shālā yě bú huì zuò.
好 厉害。我 连 沙拉 也 不 会 做。

Wā, yǒu zhème duō Zhōngguó cài.
哇，有 这么 多 中国 菜。

Qīngjiāoròusī, mápódòufu, zhè shì shénme cài?
青椒肉丝、麻婆豆腐，这 是 什么 菜？

A：Zhè shì kǎoyángpái, zhè shì tiáoliào, zhànzhe chī.
这 是 烤羊排，这 是 调料，蘸着 吃。

B：Zhànzhe chī? Nà wǒ zhànqǐlai ba.
站着 吃？ 那 我 站起来 吧。

A：Zuòxia, zhànzhe chī.
坐下，蘸着 吃。

B：Zuòxia, zěnme zhànzhe chī?
坐下，怎么 站着 吃？

A：Bú shì zhànqǐlai chī, shì zhànzhe tiáoliào chī.
不 是 站起来 吃，是 蘸着 调料 吃。

B：Hāhāhā. Zhè xiē tiáoliào shì nǐ cóng Zhōngguó dàilái de ma?
哈哈哈。这 些 调料 是 你 从 中国 带来 的 吗？

A：Bú shì, shì zài Tángjíhēdé mǎi de.
不 是，是 在 唐吉诃德 买 的。

B：Tángjíhēdé shénme dōu yǒu, lián Zhōngguó de tiáoliào dōu néng
唐吉诃德 什么 都 有，连 中国 的 调料 都 能

mǎidào.
买到。

生词

107

把 介 bǎ	简单 形 jiǎndān	题 名 tí
草莓 名 cǎoméi	烤羊排 名 kǎoyángpái	调料 名 tiáoliào
炒 动 chǎo	连 介 lián	停 动 tíng
超市 名 chāoshì	拿 动 ná	停车场 名 tíngchēchǎng
蛋糕 名 dàngāo	哪一年 组 nǎ yì nián	哇 叹 wā
道 量 dào	切 动 qiē	屋 名 wū
打伞 组 dǎ sǎn	青椒肉丝 名 qīngjiāoròusī	西红柿 名 xīhóngshì
对了 组 duì le	什么时候 组 shénme shíhou	蘸 动 zhàn
高中 名 gāozhōng	时候 名 shíhou	
哈哈哈 叹 hāhāhā	唐吉诃德 固 Tángjíhēdé	

第 **24** 课

学習のポイント

108

❶ "把"構文　S＋"把"＋O＋V＋付加成分

"把"は目的語を前に出す前置詞。この場合、動詞は目的語に何らかの「処置を加える」意味を表している。動詞は単独では使わず、必ず補語、重ね型、"了"などの付加成分が必要。目的語は特定のものに限る。"不""没""已经"などの副詞や助動詞などは通常"把"の前。

Wǒ xiān bǎ jīdàn chǎo le.
我 先 把 鸡蛋 炒 了。

Tā bǎ zuòyè zuòwán le.
他 把 作业 做完 了。

Wǒ méi bǎ chē tíngzài tíngchēchǎng.
我 没 把 车 停在 停车场。

Shàng Yīngyǔ kè de shíhou, yào bǎ cídiǎn dàilái.
上 英语 课 的 时候，要 把 词典 带来。

113

❷ 強調の固定表現 "连…也"

「〜さえも」の意味。"连…都" も同じ。

Wǒ lián shālā yě bú huì zuò.
我 连 沙拉 也 不 会 做。

Lián Zhōngguó de tiáoliào dōu néng mǎidào.
连 中国 的 调料 都 能 买到。

"也"、"都" は単独で、または疑問詞とともに用いて、強調を表すこともできる。

Shénme shíhou dōu kěyǐ.
什么 时候 都 可以。

Jiàoshì lǐ yí ge rén yě méiyǒu.
教室 里 一 个 人 也 没有。

❸ 連動文における "着"　　V1+ "着" + V2

連動文の第1動詞に "着" を付けると、第1動詞の持続中の状態または方法で第2動詞をするということを表す。

Wǒ zhànzhe chī.
我 站着 吃。

Wǒmen zǒuzhe qù ba.
我们 走着 去 吧。

❹ "是…的" 構文

すでに実現したことについて、場所、時点、方法、行為者、目的を強調して説明する構文。「〜のだ」の意味で、"的" は文末に置く（動詞直後に置くこともある）。"是" を省略することができる。

Zhè shì zài chāoshì mǎi de.
这 是 在 超市 买 的。

Nǐ shì shénme shíhou lái Rìběn de?
你 是 什么 时候 来 日本 的?

Wǒ shì qí zìxíngchē lái de.
我 是 骑 自行车 来 的。

练习

❶ 次の文を "把" 構文に直して、読んでみよう。

Dìdi   chīle cǎoméi dàngāo.

(1) 弟弟 吃了 草莓 蛋糕。   → _____

Wǒmen hái méi xuéwán zhè běn shū

(2) 我们 还 没 学完 这 本 书。 → _____

❷ "连…也" を使って、文を完成させよう。

Xuéxí tài máng le,

(1) 学习 太 忙 了, _____。

Zhè dào tí hěn jiǎndān,

(2) 这 道 题 很 简单, _____。

❸ 文を完成させて会話してみよう。

A：下雨了。你今天是怎么来学校的?

B：_____。你呢?

A：我骑自行车来的。

B：不能 _____。 (傘をさして自転車に乗る)

A：那我 _____。 (歩いて帰る)

B：对了，中国可以_____进屋吗? (靴を履いたまま)

A：可以。

❹ 文を完成させて会話してみよう。

Nǐ shì shénme shíhou kāishǐ xué de Hànyǔ?

A：你 是 什么 时候 开始 学 的 汉语?

B：_____

Nǐ shì nǎ yì nián gāozhōng bìyè de?

A：你 是 哪 一 年 高中 毕业 的?

B：_____

Zhè běn shū zài nǎr mǎi de?

A：这 本 书 在 哪儿 买 的?

B：_____

第 25 课

我已经饿死了。

课文

A：Zhōumò wǒ xiǎng kāi chē qù Hánguǎn wánr, yào bu yào yìqǐ qù?
周末 我 想 开 车 去 函馆 玩儿，要 不 要 一起 去？ 109

B：Dāngrán qù ya! Hánguǎn wǒ cónglái méi qùguo, yìzhí hěn xiǎng qù yí tàng.
当然 去 呀！函馆 我 从来 没 去过，一直 很 想 去 一 趟。

A：Tài hǎo le. Wèntí shì gāi kàn de jǐngdiǎn tài duō, yì tiān huídelái
太 好 了。问题 是 该 看 的 景点 太 多，一天 回得来

ma?
吗？

B：Wǒ gūjì yì tiān láibují ba. Xiǎng chī de měishí tài duō le.
我 估计 一 天 来不及 吧。想 吃 的 美食 太 多 了。

A：Duì ya, Hánguǎn yǒu yì jiā fēicháng yǒumíng de hànbǎo diàn, zài Zháhuǎng
对 呀，函馆 有 一 家 非常 有名 的 汉堡 店，在 札幌

chībudào de.
吃不到 的。

(函館のハンバーガー店で) A：Āiyā, wǒ yǐjing è sǐ le, děngbuliǎo le.
哎呀，我 已经 饿 死 了，等不了 了。

B：Zhōngyú chīdàole chuánshuō zhōng de hànbǎo, gāoxìng sǐ le. Wèidao quèshí
终于 吃到了 传说 中 的 汉堡，高兴 死 了。味道 确实

hǎo jíle!
好 极了！

A：Zěnme le? Nǎr bù shūfu ma?
怎么 了？哪儿 不 舒服 吗？

B：Wǒ dùzi yǒudiǎnr téng. Kěnéng zuówǎn chī dōngxi chī duō le.
我 肚子 有点儿 疼。可能 昨晚 吃 东西 吃 多 了。

A：Nǐ méi shì ba? Chī diǎnr zhège yào ba.
你 没 事 吧？吃 点儿 这个 药 吧。

A：Zěnmeyàng? Hǎo diǎnr le ma?
怎么样？好 点儿 了 吗？

B：Ng, bǐ gāngcái hǎo duō le. Búguò, háishi chībuliǎo, dǎbāo dàizǒu ba.
嗯，比 刚才 好 多 了。不过，还是 吃不了，打包 带走 吧。

116

生词

哎呀 嘆 āiyā	函馆 固 Hánguǎn	确实 副 quèshí
办法 名 bànfǎ	河 名 hé	商品 名 shāngpǐn
一不了 組 -buliǎo	厚 形 hòu	死 动 sǐ
一不起 組 -buqǐ	极了 組 jíle	疼 形 téng
传说 名 chuánshuō	景点 名 jǐngdiǎn	味道 名 wèidao
打包 动 dǎbāo	绝对 副 juéduì	文章 名 wénzhāng
一得多 組 -de duō	可能 副 kěnéng	药 名 yào
地方 名 dìfang	口语 名 kǒuyǔ	有名 形 yǒumíng
肚子 名 dùzi	来不及 組 láibují	月亮 名 yuèliang
刚才 名 gāngcái	流利 形 liúlì	怎么了 組 zěnme le
估计 动 gūjì	留学 动 liúxué	终于 副 zhōngyú
还是 副 háishi	没事 組 méi shì	猪肉 名 zhūròu
汉堡 名 hànbǎo	嗯 嘆 ng	总是 副 zǒngshì

学習のポイント

111

❶ 程度補語

形容詞のうしろについて、程度を強調する成分を程度補語という。

Wèidao hǎo jíle.
味道 好 极了。

È sǐ le.
饿 死 了。

比較の文で、形容詞のうしろに"得多"、"多了"をつけ、差量の程度を強調する用法もある。
"多了"の"了"は語気助詞（→第18課）であり変化のニュアンスを含む。

Zài Rìběn, niúròu bǐ zhūròu guì de duō.
在 日本, 牛肉 比 猪肉 贵 得 多。

Tā de kǒuyǔ bǐ liúxué yǐqián liúlì duō le.
他 的 口语 比 留学 以前 流利 多 了。

　　　　Jīntiān bǐ zuótiān nuǎnhuo yìdiǎnr.
cf. 今天 比 昨天 暖和 一点儿。

❷ 可能補語

結果補語、方向補語をもとにして、動詞と補語の間に"得"／"不"をさし込み、行為の結果が成立し得る（可能）／成立しえない（不可能）を表す。

$$V\begin{cases}\boxed{得}\\\boxed{不}\end{cases}\boxed{補語}\begin{cases}\cdots\cdots肯定形\\\cdots\cdots否定形\end{cases}$$

yuèliang
月亮 $\begin{cases}$看\boxed{得}见。　　kàn \boxed{de} jiàn\\看\boxed{不}见。　　kàn \boxed{bu} jiàn$\end{cases}$

zhè tiáo hé
这 条 河 $\begin{cases}$过\boxed{得}去。 guò \boxed{de} qù\\过\boxed{不}去。 guò \boxed{bu} qù$\end{cases}$

Nàme yuǎn de dìfang yì tiān huídelái ma?　　　　Yì tiān huíbulái ba.
那么 远 的 地方 一 天 回得来 吗？ —— 一 天 回不来 吧。

Zhège shāngpǐn hái mǎidedào ma?　　Dōu màiwán le, yǐjing mǎibudào le.
这个 商品 还 买得到 吗？ —— 都 卖完 了，已经 买不到 了。

Zhè piān wénzhāng tài nán le, kànbudǒng.
这 篇 文章 太 难 了，看不懂。

文脈に応じて様々な「～できない」を簡潔に表すのに可能補語が活躍する。
"－得了／－不了"、"－得起／－不起"、"来得及／来不及"など、慣用的な組み合わせもある。

Yǐjing chīle hěn duō le, chībuxià le.
已经 吃了 很 多 了，吃不下 了。

Zhǐ yǒu sān fēnzhōng, chībuwán.
只 有 三 分钟，吃不完。

Cài tài duō le, chībuliǎo.
菜 太 多 了，吃不了。

Fǎguó cài tài guì le, chībuqǐ.
法国 菜 太 贵 了，吃不起。

Cài liàng hěn shǎo, zǒngshì chībubǎo.
菜 量 很 少，总是 吃不饱。

Xiànzài hái láidejí ma?　　　　　Juéduì láibují.
现在 还 来得及 吗？ —— 绝对 来不及。

❶ （　　）内に適切な語句の組み合わせを入れて言ってみよう。

こんなに～な○○、［1週間／1日／1分間］では…できない

shū kàn wán	jùzi jì zhù	zuòyè zuò wán
书—看—完	句子—记—住	作业—做—完

(1) 这么 厚 的 （　　　），一 天 （　　　）不 （　　　）。　　＊厚 hòu

(2) 这么 难 的 （　　　），一 分钟 （　　　）不 （　　　）。

(3) 这么 多 （　　　），一 个 星期 （　　　）不 （　　　）。

❷ （　　）内に適切な語句を入れて言ってみよう。

míngzi	bànfǎ	shíjiān
名字	办法	时间

(1) 想不起 （　　　）来。

(2) 想不出 （　　　）来。

(3) 抽不出 （　　　）来。　　＊抽 chōu

第 **25** 课

课文

你汉语说得很不错啊！

112

A：Duìbuqǐ, wǒ láiwǎn le. Lù shàng dǔ chē dǔde tài lìhai. Zhēn méi bànfǎ.
对不起，我 来晚 了。路 上 堵车 堵得 太 厉害。真 没 办法。

B：Méi guānxi. Nǐ láide zhèng hǎo, wǒmen bān de jiémù cái gāng kāishǐ.
没 关系。你 来得 正 好，我们 班 的 节目 才 刚 开始。

A：Bù hǎo yìsi, qíshí wǒ hái bù zhīdào jīntiān yǎn de shì shénme nèiróng.
不 好 意思，其实 我 还 不 知道 今天 演 的 是 什么 内容。

B：《Kèlākè jiàoshòu de gùshi», shì wǒmen bān zìjǐ biān de Yīngwén xì.
《克拉克 教授 的 故事》，是 我们 班 自己 编 的 英文 戏。

A：Wā, Yīngwén dōu shì zìjǐ xiě de? Zhēn lìhai! Nàge nǚshēng tiàowǔ tiàode zhēn hǎo! Yīngyǔ yě shuōde fēicháng liúlì.
哇，英文 都 是 自己 写 的？真 厉害！那个 女生 跳舞 跳得 真 好！英语 也 说得 非常 流利。

B：Shì ba. Qíshí tā yǐqián méi zhème hǎo, qù Měiguó liúxué huílái hòu jìnbù duō le.
是 吧。其实 她 以前 没 这么 好，去 美国 留学 回来 后 进步 多 了。

A：Ò, tā liúguo xué. Guàibude! Fāyīn jiǎnzhí hé Měiguó rén chàbuduō.
哦，她 留过 学。怪不得！发音 简直 和 美国 人 差不多。

B：Tīngshuō nǐ yě céngjīng qù Zhōngguó liúguo xué, shì ma?
听说 你 也 曾经 去 中国 留过 学，是 吗？

A：Shì de. Búguò, wǒ zhǐ shì duǎnqī liúxué.
是 的。不过，我 只 是 短期 留学。

B：Nǐ tài qiānxū le. Nǐ Hànyǔ shuōde hěn búcuò a.
你 太 谦虚 了。你 汉语 说得 很 不错 啊。

A：Guòjiǎng, guòjiǎng. Hái chàde hěn yuǎn. Wǒ hái děi jìxù nǔlì.
过奖，过奖。还 差得 很 远。我 还 得 继续 努力。

生词

班 [名] bān	过 [动] guò	努力 [动] nǔlì
编 [动] biān	过奖 [动] guòjiǎng	哦 [叹] ò
不好意思 [组] bù hǎo yìsi	故事 [名] gùshi	跑 [动] pǎo
才 [副] cái	简直 [副] jiǎnzhí	乒乓球 [名] pīngpāngqiú
曾经 [副] céngjīng	教授 [名] jiàoshòu	前天 [名] qiántiān
测验 [名] cèyàn	节目 [名] jiémù	谦虚 [形] qiānxū
差 [动] chà	继续 [动] jìxù	其实 [副] qíshí
差不多 [形] chàbuduō	考 [动] kǎo	弹 [动] tán
得 [助] de	克拉克 [固] Kèlākè	跳舞 [动] tiàowǔ
短期 [形] duǎnqī	快 [形] kuài	听说 [动] tīngshuō
堵车 [动] dǔchē	马马虎虎 [形] mǎmǎhūhū	晚 [形] wǎn
翻译 [动] fānyì	美国 [固] Měiguó	戏 [名] xì
怪不得 [副] guàibude	明白 [动] míngbai	演 [动] yǎn
关系 [名] guānxi	内容 [名] nèiróng	一般 [形] yìbān

第 26 课

学習のポイント

❶ 様態補語

動作の仕方がどのようであるか、どんなレベル（できばえ、腕前）かを表現するのに、動詞に "得" をつけ、そのうしろに置いて補足説明する語を様態補語という。

すでに結果の出ている実現済みの行為や習慣的な行動について、評価コメントを加える表現。

Wǒ měitiān shuìde hěn wǎn.
我 每天 睡得 很 晚。

Shíjiān guòde zhēn kuài ya!
时间 过得 真 快 呀!

"V得"は名詞化して「〜するのが（…だ／…ではない）」、「〜仕方が（…だ／…ではない）」と、実質的に主述述語文（→第4課）に準じた構造になり、否定や疑問の表現は補語の部分で行う。

Tā qǐde bù zǎo.
他 起得 不 早。　　× 他不起得早。

Nǐ shuìde hǎo ma?
你 睡得 好 吗?

目的語がある場合、"V得"は動詞の性質を失って目的語を取れないため、いったんSVOを言った後、"V得…"（その仕方が…だ）と続ける。動詞を2回繰り返すが、前の動詞は省略可。

 Kèlākè (shuō) Yīngyǔ shuōde fēicháng liúlì.
克拉克（说）英语 说得 非常 流利。

　　× 克拉克说英语得非常流利。

　　× 克拉克说得英语非常流利。

❷ 副詞 "才"

接続副詞 "就" はことがらが順調に展開するニュアンス（すぐに、即）をもつ（→第18, 23課）。"才" は反対に、事態の展開がスムーズでない、遅いという感覚（やっと、ようやく）を表す。

なかなか変化しないイメージから、文末の語気助詞 "了"（→第18課）とは相性が悪く、共起しない。"就" と "了" がよく一緒に用いられるのと、ちょうど逆である。

Tā liù diǎn jiù qǐchuáng le.
她 六 点 就 起床 了。

Tā shí diǎn cái qǐchuáng.
她 十 点 才 起床。

Tā tīngle yí biàn jiù míngbai le.
他 听了 一 遍 就 明白 了。

Tā tīngle hěn duō biàn cái míngbai.
他 听了 很 多 遍 才 明白。

Tā cái huílai jiù yòu chūqu le.
她 才 回来 就 又 出去 了。

❶ 例にならって、下線部を（1）～（3）の語句に入れ替えて練習しよう。

A：你会弹钢琴吗?   Nǐ huì tán gāngqín ma?

B：会呀。我差不多每天都练习。   Huì ya. Wǒ chàbuduō měitiān dōu liànxí.

A：你钢琴弹得怎么样?   Nǐ gāngqín tánde zěnmeyàng?

B：我弹得还可以。   Wǒ tánde hái kěyǐ.

(1) 滑雪   还不错   huáxuě   hái búcuò

(2) 画画儿   一般   huà huàr   yìbān

(3) 踢足球   马马虎虎   tī zúqiú   mǎmǎhūhū

❷ 自分のことを言ってみよう。友だちとペアになり、会話練習してみよう。

～の仕方はどうか（レベル、腕前、結果）

zǒu	pǎo	chàng gē	shuō Hànyǔ	jīntiān de xiǎo cèyàn : kǎo
走	跑	唱歌	说汉语	今天 的 小 测验 : 考

(1) 歩く速度

(2) 走る速度

(3) 歌を歌うの

(4) 中国語を話すの

(5) 今日の小テスト

❸ "就"と"才"の意味の違いに留意して日本語に訳してみよう。

(1) Zhège xiāoxi wǒ qiántiān jiù zhīdào le.
这个 消息 我 前天 就 知道 了。

(2) Zhège xiāoxi wǒ jīntiān cái zhīdào.
这个 消息 我 今天 才 知道。

(3) Tā liǎng suì jiù kāishǐ dǎ pīngpāngqiú le.
她 两 岁 就 开始 打 乒乓球 了。

(4) Tā shí'èr suì cái kāishǐ dǎ pīngpāngqiú.
她 十二 岁 才 开始 打 乒乓球。

(5) Yí ge rén jiù fānyìwán zhè běn xiǎoshuō le.
一 个 人 就 翻译完 这 本 小说 了。

(6) Sān ge rén cái fānyìwán zhè běn xiǎoshuō.
三 个 人 才 翻译完 这 本 小说。

第 26 课

 课 文

妈妈让妹妹去遛狗。

115

Lǎoshī jiào tā ànshí bǎ shìyàn zuòwán.
老师 叫 他 按时 把 试验 做完。

Nǚpéngyou jiào wǒ gēn tā yìqǐ qù mǎi dōngxi.
女朋友 叫 我 跟 她 一起 去 买 东西。

Māma ràng mèimei qù liùgǒu.
妈妈 让 妹妹 去 遛狗。

Diànyuán ràng wǒ shì yíxià nà jiàn yīfu.
店员 让 我 试 一下 那 件 衣服。

Bàba bú ràng dìdi wánr shǒujī yóuxì.
爸爸 不 让 弟弟 玩儿 手机 游戏。

Zhège chéngjì ràng tā hěn bù mǎnyì.
这个 成绩 让 她 很 不 满意。

Jīntiān wǒ qǐng nǐ chī tāng gālí.
今天 我 请 你 吃 汤 咖喱。

Wǒmen yàoshi qù huáxuě, jiù qù Zháhuǎng guójì huáxuěchǎng ba.
我们 要是 去 滑雪， 就 去 札幌 国际 滑雪场 吧。

Rúguǒ nǐ yǒu shíjiān, yīnggāi kàn kan zhè bù diànshìjù.
如果 你 有 时间， 应该 看 看 这 部 电视剧。

Yīnwèi diànnǎo chūle gùzhàng, suǒyǐ méiyǒu wánchéng zuòyè.
因为 电脑 出了 故障， 所以 没有 完成 作业。

Yīnwèi nádào jiàzhào le, suǒyǐ jīngcháng qù hǎibiān dōufēng.
因为 拿到 驾照 了， 所以 经常 去 海边 兜风。

生 词

按时 副 ànshí	坏 形 huài	所以 接 suǒyǐ
成绩 名 chéngjì	滑雪场 名 huáxuěchǎng	体育 名 tǐyù
出差 动 chūchāi	活动 名 huódòng	外出 动 wàichū
从小 副 cóngxiǎo	经常 副 jīngcháng	完成 动 wánchéng
…的话 组 …de huà	久等 组 jiǔděng	为什么 代 wèishénme
电视剧 名 diànshìjù	举手 动 jǔshǒu	选 动 xuǎn
店员 名 diànyuán	领导 名 lǐngdǎo	要是 接 yàoshi
动漫 名 dòngmàn	遛狗 动 liùgǒu	意见 名 yìjiàn
兜风 动 dōufēng	满意 形 mǎnyì	因为 接 yīnwèi
发言 动 fāyán	女朋友 名 nǚpéngyou	医生 名 yīshēng
感冒 动 gǎnmào	让 动 ràng	直说 动 zhíshuō
感想 名 gǎnxiǎng	如果 接 rúguǒ	自我 代 zìwǒ
国际 名 guójì	《三国演义》 固 Sānguó yǎnyì	
故障 名 gùzhàng	试验 名 shìyàn	

第 **27** 课

学習のポイント

❶ **兼語文　主語＋動詞１＋ 目的語 / 主語 ＋動詞２（＋目的語）**

使役の意味をもつ動詞 "叫"、"让"、"请" などを使った文。動詞１の目的語が意味上、動詞
２の動作・行為の主体を兼ねているため兼語文という。

（1）使役動詞 "叫"、"让"

老师叫他按时把试验做完。　　　Lǎoshī jiào tā ànshí bǎ shìyàn zuòwán.
医生不让我吃甜的。　　　　　　Yīshēng bú ràng wǒ chī tián de.
老师叫他再说一遍。　　　　　　Lǎoshī jiào tā zài shuō yí biàn.

天气不好，我们不应该让他外出。 Tiānqì bù hǎo, wǒmen bù yīnggāi ràng tā wàichū.

这个成绩让她很不满意。 Zhège chéngjì ràng tā hěn bù mǎnyì.

让我自我介绍一下。 Ràng wǒ zìwǒ jièshào yíxià.

(2)"请"

请大家想想办法吧。 Qǐng dàjiā xiǎng xiang bànfǎ ba.

今天我请你吃汤咖喱。 Jīntiān wǒ qǐng nǐ chī tāng gālí.

❷ "要是…，就…"、"如果…，就…"

「もし～ならば…」という仮定関係を表す。仮定条件の表現としては "～的话" もよく使われる。

要是留学的话，就去美国。 Yàoshi liúxué de huà, jiù qù Měiguó.

我们要是去滑雪，就去札幌国际滑雪场吧。

Wǒmen yàoshi qù huáxuě, jiù qù Zháhuǎng guójì huáxuěchǎng ba.

要是老师让大家发言，你就举手。 Yàoshi lǎoshī ràng dàjiā fāyán, nǐ jiù jǔshǒu.

如果你有时间，应该看看这部电视剧。

Rúguǒ nǐ yǒu shíjiān, yīnggāi kàn kan zhè bù diànshìjù.

如果有意见，就请直说吧。 Rúguǒ yǒu yìjiàn, jiù qǐng zhíshuō ba.

❸ "因为…，所以…"

「～なので…である」という原因結果を表す。"因为…，所以…" と呼応させずに、どちらか一方だけ使うこともあり、いずれも使用しないこともある。

因为电脑出了故障，所以没有完成作业。

Yīnwèi diànnǎo chūle gùzhàng, suǒyǐ méiyǒu wánchéng zuòyè.

昨天她身体不舒服，所以没有参加体育活动。

Zuótiān tā shēntǐ bù shūfu, suǒyǐ méiyǒu cānjiā tǐyù huódòng.

因为电脑坏了，所以得买新的。 Yīnwèi diànnǎo huài le, suǒyǐ děi mǎi xīn de.

你昨天为什么没来上课呢？ Nǐ zuótiān wèishénme méi lái shàng kè ne?

——因为我感冒了，在家休息了一天。 Yīnwèi wǒ gǎnmào le, zài jiā xiūxile yìtiān.

❶ 日本語の意味になるように単語を並べ替えなさい。

(1) 上司は私に一人で上海出張に行くよう命じた。

jiào	yí ge rén	wǒ	qù	Shànghǎi	chūchāi	lǐngdǎo
叫	一个人	我	去	上海	出差	领导

(2) 先生は私達に新出単語を暗記させる。

shēngcí	ràng	lǎoshī	bèi	wǒmen
生词	让	老师	背	我们

(3) 彼に留学の感想を話してもらいましょう。

tā	shuō	shuo	qǐng	gǎnxiǎng	ba	liúxué	de
他	说	说	请	感想	吧	留学	的

❷ 会話してみよう。

(1) A : Bù hǎo yìsi, wǒ láiwǎn le, ràng nǐ jiǔděng le.
不 好 意思，我 来晚 了，让 你 久等 了。

B : Méi guānxi, wǒ yě gāng dào.
没 关系，我 也 刚 到。

(2) A : Nǐ wèishénme xué Hànyǔ?
你 为什么 学 汉语？

B : Yīnwèi wǒ xǐhuan «Sānguó yǎnyì», suǒyǐ xuǎn le Hànyǔ.
因为 我 喜欢《三国演义》，所以 选 了 汉语。

Nǐ ne? Nǐ wèishénme xuǎn Rìyǔ ne?
你 呢？你 为什么 选 日语 呢？

A : Wǒ yīnwèi cóngxiǎo jiù xǐhuan Rìběn de dòngmàn, xiǎnglái Rìběn
我 因为 从小 就 喜欢 日本 的 动漫，想来 日本

liúxué, suǒyǐ jiù xuǎn le Rìyǔ.
留学，所以 就 选 了 日语。

第28课

我的钱包被偷走了。

 课 文

🎧 118

Zhè jiàn shì nǐ nándào bù zhīdào ma?
这 件 事 你 难道 不 知道 吗？

Zhè nándào shì ǒurán de ma?
这 难道 是 偶然 的 吗？

Wǒmen bú shì péngyou ma?
我们 不 是 朋友 吗？

Nǐ de bǐnggān dōu bèi mèimei názǒu le.
你 的 饼干 都 被 妹妹 拿走 了。

Nǐ de cídiǎn bèi rén jièzǒu le.
你 的 词典 被 人 借走 了。

Wǒ de qiánbāo bèi tōuzǒu le.
我 的 钱包 被 偷走 了。

Jiǎozi yǐjing bāohǎo le.
饺子 已经 包好 了。

Diànyǐng piào yǐjing mǎihǎo le.
电影 票 已经 买好 了。

迷你对话 Mínǐ duìhuà ミニダイアログ
🎧 119

Āiyā! Wǒ de zìxíngchē méiyǒu le.
A：哎呀！ 我 的 自行车 没有 了。

Nǐ de zìxíngchē jīntiān bèi nǐ dìdi qízǒu le.
B：你 的 自行车 今天 被 你 弟弟 骑走 了。

生词			120

报警 [動] bàojǐng   老李 [固] Lǎo-Lǐ   逃避 [動] táobì

被 [介] bèi   难道 [副] nándào   偷 [動] tōu

饼干 [名] bǐnggān   弄坏 [動] nònghuài   洗 [動] xǐ

顿 [量] dùn   偶然 [形] ǒurán   修理 [動] xiūlǐ

干脆 [副] gāncuì   批评 [動] pīpíng   鱼 [名] yú

困难 [名] kùnnan   扔掉 [動] rēngdiào   怎么办 [組] zěnme bàn

学習のポイント

121

❶ 反語の表現 "难道…吗"

反語文 "难道…吗" は「まさか～ではあるまい」の意味。"不是…吗" も反語文。

Nǐ nándào bù zhīdào ma?
你 难道 不 知道 吗?

Nǐ nándào bú rènshi tā ma?
你 难道 不 认识 她 吗?

Nǐ nándào xiǎng táobì kùnnan ma?
你 难道 想 逃避 困难 吗?

Wǒ bú shì gàosu nǐ le ma?
我 不 是 告诉 你 了 吗?

129

❷ 受身文 "被"

被害や影響をこうむるものを主語の位置に置く。「〜される」、「〜られる」の意味。動作主は特定できない場合や述べる必要がない場合は省略可。

Wǒ de dàngāo bèi dìdi chīguāng le.
我 的 蛋糕 被 弟弟 吃光 了。

Wǒ de shǒujī bèi rén názǒu le.
我 的 手机 被 人 拿走 了。

Tā de zìxíngchē bèi tōuzǒu le.
他 的 自行车 被 偷走 了。

Yú bèi māo chī le.
鱼 被 猫 吃 了。

Wǒ bèi lǎoshī pīpíngle yí dùn.
我 被 老师 批评了 一 顿。

❸ 意味上の受身

文全体が受身の意味を表わす場合がある。

Yīfu xǐhǎo le.
衣服 洗好 了。

Zuòyè zhōngyú zuòhǎo le.
作业 终于 做好 了。

Piào yǐjing màiwán le.
票 已经 卖完 了。

Fángjiān dǎsǎo gānjing le.
房间 打扫 干净 了。

❶ 作文してみよう。

(1) まさかあなたは私のことを知らないの。

(2) 私のバイク（摩托车 mótuōchē）は李さん（老李 Lǎo-Lǐ）に乗って行かれた。

(3) 私のコーラ（可乐 kělè）は弟に飲まれてしまった。

(4) 料理はできあがった。

(5) 飛行機（飞机 fēijī）のチケットはすでに売り切れた。

❷ 訳してみて、会話してみよう。

(1)

Zìxíngchē bèi rén tōuzǒu le, zěnme bàn?
A：自行车 被 人 偷走 了，怎么 办？

Bàojǐng ba. Méi bànfǎ, mǎi xīn de.
B：报警 吧。/ 没 办法，买 新 的。

(2)

Wǒ de bǐjìběn diànnǎo bèi nònghuài le, zěnme bàn?
A：我 的 笔记本 电脑 被 弄坏 了，怎么 办？

Sòng qù xiūlǐ. Méi bànfǎ, rēng diào.
B：送 去 修理。/ 没 办法，扔 掉。

(3)

Wǒ de cídiǎn bèi tā jièzǒu le.
A：我 的 词典 被 她 借走 了。

Gěi tā dǎ diànhuà wèn wen. Gāncuì gěi tā ba.
B：给 她 打 电话 问 问。/ 干脆 给 她 吧。

■ I 単 語 索 引 ■

▶ 本篇の課文・学習のポイント・練習に掲載されている単語を収録している。数字は（発音編3の）1～10までと、百・千・万のみ収録し、それらを組み合わせた数は収録しない。

▶ 発音編のみに出現する語（数字はのぞく）、学習のポイントの表のみに出現する単語は収録しない。

▶ 語彙の後の数字は初出の課をあらわす。

A

啊	嘆	à	4
啊	助	a	4

B

吧	助	ba	8
爸爸	名	bàba	2
白	形	bái	4
百	数	bǎi	10
百货商店	名	bǎihuòshāngdiàn	15
半	数	bàn	8
帮	动	bāng	11
包	动	bāo	16
暴风雨	名	bàofēngyǔ	11
报告	名	bàogào	11
报纸	名	bàozhǐ	3
巴士	名	bāshì	14
杯	量	bēi	8
北	名	běi	9
背	动	bèi	13
北海道	固	Běihǎidào	7
北京	固	Běijīng	9
北十八条	固	Běishíbātiáo	9
杯子	名	bēizi	14
本	量	běn	7
本店	名	běndiàn	14
蹦蹦跳跳	形	bèngbèng tiàotiào	4
笔	名	bǐ	3
比	介	bǐ	12
便利店	名	biànlìdiàn	8
表	名	biǎo	16
别	副	bié	15
笔记本	名	bǐjìběn	1
必修	动	bìxiū	8
不	副	bù	1
部	量	bù	14
不错	形	búcuò	6
不过	接	búguò	11
不见不散	组	bú jiàn bú sàn	15
不行	组	bùxíng	11
不要	助动	búyào	15
不用	助动	búyòng	15

C

菜	名	cài	10
参加	动	cānjiā	8
参考书	名	cānkǎoshū	10
餐厅	名	cāntīng	7
差	形	chà	8
茶	名	chá	15
长	形	cháng	4
尝	动	cháng	16
唱	动	chàng	6
长城	固	Chángchéng	10
炒饭	名	chǎofàn	1
车	名	chē	9
衬衫	名	chènshān	14
吃	动	chī	1
迟到	动	chídào	15
重阳节	固	Chóngyángjié	6
抽	动	chōu	11
抽屉	名	chōuti	7
穿	动	chuān	14
传统	名	chuántǒng	13
春节	固	Chūnjié	6
词典	名	cídiǎn	3
从	介	cóng	14

D

打	动	dǎ	6
大	形	dà	12
大阪	固	Dàbǎn	13
达夫	固	Dáfū	11
大概	副	dàgài	14
打工	动	dǎgōng	8
大家	名	dàjiā	2
胆子	名	dǎnzi	4
到	介	dào	14
打扫	动	dǎsǎo	15
大声	形	dàshēng	15
打算	助动	dǎsuàn	13
大通	固	Dàtōng	7
大熊猫	名	dàxióngmāo	2
大学	名	dàxué	2
的	助	de	2
的	助	de	10
得	助动	děi	13
邓丽君	固	Dèng Lìjūn	1
德语	固	Déyǔ	3
第一	头	dì-	8
点	量	diǎn	8
电话	名	diànhuà	10
电脑	名	diànnǎo	7
电视塔	名	diànshìtǎ	7
电影	名	diànyǐng	10
电影院	名	diànyǐngyuàn	15
电子词典	名	diànzǐ cídiǎn	3
弟弟	名	dìdi	5
地铁	名	dìtiě	9
东边	名	dōngbiān	7
东京	固	Dōngjīng	1
动物	名	dòngwù	15
动物园	名	dòngwùyuán	15
东西	名	dōngxi	11
都	副	dōu	5
豆浆	名	dòujiāng	3
短	形	duǎn	4
端午节	固	Duānwǔjié	6
对	形	duì	6
对不起	组	duìbuqǐ	10
对面	名	duìmiàn	7
多	形	duō	2
多长时间	组	duōcháng shíjiān	14
多大	代	duōdà	5
多高	代	duōgāo	14
多少钱	组	duōshao qián	14
多重	代	duōzhòng	14

E

饿	形	è	13
耳朵	名	ěrduo	4
儿童节	固	Értóngjié	6
儿子	名	érzi	5
俄语	固	Éyǔ	3

F

发	動	fā	13
法律系	名	fǎlùxì	16
饭	名	fàn	6
放	動	fàng	15
房间	名	fángjiān	7
发音	名	fāyīn	4
法语	固	Fǎyǔ	3
非常	副	fēicháng	4
飞机	名	fēijī	15
分	量	fēn	8
分	量	fēn	14
分(钟)	量	fēn (zhōng)	11
份	量	fèn	8
付	動	fù	14
附近	名	fùjìn	7
父母	名	fùmǔ	13
复习	動	fùxí	13

G

干净	形	gānjìng	15
高	形	gāo	12
告诉	動	gàosu	10
高兴	形	gāoxìng	2
个	量	ge	5
歌	名	gē	6
哥哥	名	gēge	5
给	動	gěi	10
给	介	gěi	13
根	量	gēn	8
跟	介	gēn	12
更	副	gèng	12
个子	名	gèzi	12
功夫片	名	gōngfupiàn	13
公斤	量	gōngjīn	14
功课	名	gōngkè	13
公里	量	gōnglǐ	10
公园	名	gōngyuán	7
工作	名·動	gōngzuò	4
狗	名	gǒu	2
拐	動	guǎi	9
光临	動	guānglín	14
贵	形	guì	12
贵姓	組	guìxìng	2
国庆节	固	Guóqìngjié	6
果汁	名	guǒzhī	8

H

还	副	hái	4
海边	名	hǎibiān	13
还是	接	háishi	10
孩子	名	háizi	5
寒假	名	hánjià	13
汉英词典	名	Hàn-Yīng cídiǎn	3
汉语	固	Hànyǔ	1
韩语	固	Hányǔ	3
好	形	hǎo	2
好	副	hǎo	4
号	量	hào	6
好吃	形	hǎochī	16
好看	形	hǎokàn	14
号码	名	hàomǎ	10
喝	動	hē	1
和	接	hé	5
和	介	hé	12
盒	量	hé	14
黑	形	hēi	8
很	副	hěn	2
河南	固	Hénán	13
红	形	hóng	4
红茶	名	hóngchá	1
后天	名	hòutiān	13
画	動	huà	16
画儿	名	huàr	16
黄豆	名	huángdòu	12
欢迎	動	huānyíng	14
华生	固	Huáshēng	2
会	助動	huì	11
回	動	huí	13
火车	名	huǒchē	9

J

几	代	jǐ	5
急	動	jí	15
家	名	jiā	2
架	量	jià	14
加班	動	jiābān	13
煎	動	jiān	8
见	動	jiàn	4
件	量	jiàn	12
减肥	動	jiǎnféi	14
讲	動	jiǎng	16
见面	動	jiànmiàn	15
叫	動	jiào	2

教	動	jiāo	10
教室	名	jiàoshì	11
饺子	名	jiǎozi	1
家务	名	jiāwù	4
驾照	名	jiàzhào	11
鸡蛋	名	jīdàn	8
节	量	jié	8
借	動	jiè	16
姐姐	名	jiějie	5
介绍	動	jièshào	13
集会	動	jíhuì	10
近	形	jìn	9
斤	量	jīn	14
进	動	jìn	16
进来	動	jìnlái	11
今年	名	jīnnián	5
今天	名	jīntiān	4
久	形	jiǔ	4
酒	名	jiǔ	11
酒店	名	jiǔdiàn	7
巨蛋	名	jùdàn	7
句子	名	jùzi	13

K

咖啡	名	kāfēi	1
咖啡店	名	kāfēidiàn	7
开	動	kāi	6
开车	組	kāichē	1
开始	動	kāishǐ	8
开水	名	kāishuǐ	9
看	動	kàn	8
考试	名	kǎoshì	13
烤鸭	名	kǎoyā	9
课	名	kè	6
刻	量	kè	8
可爱	形	kě'ài	5
可乐	名	kělè	1
课本	名	kèběn	2
课文	名	kèwén	1
客气	形	kèqi	15
可以	形	kěyǐ	4
可以	助動	kěyǐ	11
空	形	kòng	10
口	量	kǒu	5
口福	名	kǒufú	15
KTV	名		6
块	量	kuài	14

L

辣	形	là	10
来	动	lái	8
拉面	名	lāmiàn	1
浪费	动	làngfèi	15
篮球	名	lánqiú	8
兰欣	固	Lánxīn	15
老家	名	lǎojiā	13
老师	名	lǎoshī	1
了	助	le	4
累	形	lèi	16
冷	形	lěng	12
里	名	lǐ	7
离	介	lí	9
李小龙	固	Lǐ Xiǎolóng	2
练习	动	liànxí	1
两	数	liǎng	8
凉快	形	liángkuai	4
了解	动	liǎojiě	12
聊天	动	liáotiān	6
里边儿	名	lǐbiānr	7
厉害	形	lìhai	11
理科	名	lǐkē	16
铃木	固	Língmù	1
刘文正	固	Liú Wénzhèng	1
留学生	名	liúxuéshēng	3
李英	固	Lǐ Yīng	3
旅游	动	lǚyóu	13

M

吗	助	ma	1
买	动	mǎi	16
卖	动	mài	14
妈妈	名	māma	5
忙	形	máng	4
慢慢儿	形	mànmānr	15
猫	名	māo	2
毛	量	máo	14
毛毛	固	Máomao	2
毛衫	名	máoshān	4
没	副	méi	5
美国	固	Měiguó	13
妹妹	名	mèimei	5
每天	名	měitiān	8
-们	尾	-men	1
米	量	mǐ	11

面包	名	miànbāo	8
面积	名	miànjī	10
咪咪	固	Mīmi	2
明年	名	míngnián	6
明天	名	míngtiān	6
明信片	名	míngxìnpiàn	14
名字	名	míngzi	2
摩托车	名	mótuōchē	5

N

那	代	nà	2
那	接	nà	6
哪一天	组	nǎ yì tiān	6
那么	代	nàme	8
难	形	nán	4
南北线	固	Nánběixiàn	9
男生	名	nánshēng	10
那儿	代	nàr	7
哪儿	代	nǎr	7
呢	助	ne	3
能	助动	néng	11
你好	组	nǐhǎo	2
你们	代	nǐmen	1
您	代	nín	1
牛奶	名	niúnǎi	1
牛肉	名	niúròu	12
《暖春》	固	nuǎnchūn	15
暖和	形	nuǎnhuo	4
女儿	名	nǚ'ér	13
女生	名	nǚshēng	10

O

噢	叹	ō	3

P

派对	名	pàiduì	6
排球	名	páiqiú	6
旁边儿	名	pángbiānr	7
朋友	名	péngyou	2
片	量	piàn	8
便宜	形	piányi	12
票	名	piào	10
漂亮	形	piàoliang	16
啤酒	名	píjiǔ	1
平方	名	píngfāng	10
苹果	名	píngguǒ	14
普洱茶	固	Pǔ'ěrchá	9
葡萄酒	名	pútaojiǔ	10
普通话	名	pǔtōnghuà	1

Q

前	名	qián	7
千	数	qiān	10
钱	名	qián	14
铅笔	名	qiānbǐ	14
前边儿	名	qiánbiānr	7
汽车	名	qìchē	5
起床	动	qǐchuáng	8
起飞	动	qǐfēi	15
请	动	qǐng	2
情况	名	qíngkuàng	12
清明节	固	Qīngmíngjié	6
情人节	固	Qíngrénjié	6
请问	组	qǐngwèn	16
汽水	名	qìshuǐ	1
去	动	qù	1

R

然后	接	ránhòu	9
热	形	rè	4
人	名	rén	4
人工智能	名	réngōng zhìnéng	2
人口	名	rénkǒu	10
认识	动	rènshi	2
日本	固	Rìběn	2
日本人	固	Rìběnrén	2
日语	固	Rìyǔ	1
日元	固	Rìyuán	14

S

三不沾	名	sānbùzhān	13
沙拉	名	shālā	8
上	名	shàng	6
上	动	shàng	6
上班	动	shàngbān	15
上课	动	shàngkè	8
上午	名	shàngwǔ	15
上学	动	shàngxué	6
谁	代	shéi/shuí	3
设计	名	shèjì	16
生词	名	shēngcí	1
圣诞节	固	Shèngdànjié	6
生日	名	shēngrì	6
生鱼片	名	shēngyúpiàn	11
什么	代	shénme	2
申请	动	shēnqǐng	16
身体	名	shēntǐ	11
时	名	shí	15

是	動	shì	2
试	動	shì	14
事	名	shì	15
时间	名	shíjiān	15
食堂	名	shítáng	1
石头	名	shítou	14
市中心	組	shìzhōngxīn	14
十字路口	名	shízìlùkǒu	9
手机	名	shǒujī	3
手绢	名	shǒujuàn	16
书	名	shū	2
书包	名	shūbāo	2
舒服	形	shūfu	11
水平	名	shuǐpíng	12
书架	名	shūjià	7
暑假	名	shǔjià	13
说	動	shuō	1
说话	動	shuōhuà	15
送	動	sòng	10
酸奶	名	suānnǎi	1
岁	量	suì	5
岁数	名	suìshu	5
T			
他	代	tā	1
她	代	tā	1
它	代	tā	15
太	副	tài	4
台	量	tái	7
太~了	組	tài~le	15
太极拳	名	tàijíquán	1
他们	代	tāmen	1
她们	代	tāmen	1
它们	代	tāmen	1
汤	名	tāng	1
汤姆	固	tāngmǔ	1
糖	名	táng	15
提	動	tí	15
甜	形	tián	10
填	動	tián	16
天气	名	tiānqì	4
田中	固	Tiánzhōng	4
题目	名	tímù	16
挺	副	tǐng	14
体育馆	名	tǐyùguǎn	6
同学	名	tóngxué	2
图书馆	名	túshūguǎn	1
W			
外边儿	名	wàibiānr	7
万	数	wàn	10
往	介	wǎng	9
玩儿	動	wánr	15
晚上	名	wǎnshang	15
位	量	wèi	10
尾巴	名	wěiba	4
位子	名	wèizi	10
文科	名	wénkē	16
我	代	wǒ	1
我们	代	wǒmen	1
午饭	名	wǔfàn	8
乌龙茶	名	wūlóngchá	10
X			
西	名	xī	9
系	名	xì	16
下	名	xià	6
先	副	xiān	15
县	名	xiàn	16
想	助動	xiǎng	13
香肠	名	xiāngcháng	8
相机	名	xiàngjī	5
香香	固	Xiāngxiang	2
现在	名	xiànzài	10
小	形	xiǎo	4
小林	固	Xiǎolín	3
小玲	固	Xiǎolíng	11
小卖部	名	xiǎomàibù	7
消息	名	xiāoxi	10
小学	名	xiǎoxué	13
下午	名	xiàwǔ	8
下学	動	xiàxué	8
西班牙语	固	Xībānyáyǔ	3
写	動	xiě	9
谢谢	組	xièxie	3
喜欢	動	xǐhuan	4
新	形	xīn	16
信	名	xìn	16
姓	動	xìng	2
星期	名	xīngqī	6
信用卡	名	xìnyòngkǎ	14
兄弟姐妹	名	xiōngdì jiěmèi	5
洗手间	名	xǐshǒujiān	7
休息	動	xiūxi	8
选修	動	xuǎnxiū	8
学	動	xué	1
学生	名	xuésheng	2
学习	名·動	xuéxí	4
学校	名	xuéxiào	9
Y			
烟	名	yān	11
样子	名	yàngzi	12
眼镜	名	yǎnjìng	3
眼睛	名	yǎnjing	4
要	動	yào	1
要	助動	yào	13
邀请	動	yāoqǐng	6
钥匙	名	yàoshi	7
也	副	yě	4
爷爷	名	yéye	5
咦	嘆	yí	3
亿	数	yì	10
一点儿	組	yìdiǎnr	12
一定	副	yídìng	13
衣服	名	yīfu	16
一共	副	yígòng	14
以后	名	yǐhòu	8
应该	助動	yīnggāi	13
英文	固	Yīngwén	11
营养	名	yíngyǎng	12
英语	固	Yīngyǔ	1
银行	名	yínháng	7
饮料	名	yǐnliào	1
印刷	名	yìnshuā	16
一起	副	yìqǐ	6
一下	数量	yíxià	13
一样	形	yíyàng	12
医院	名	yīyuàn	11
一直	副	yìzhí	9
用	動	yòng	9
有	動	yǒu	5
右	名	yòu	9
游	動	yóu	11
有意思	組	yǒu yìsi	4
有点儿	副	yǒudiǎnr	12
邮件	名	yóujiàn	13
邮局	名	yóujú	7
游泳	動	yóuyǒng	11
优子	固	Yōuzǐ	2
远	形	yuǎn	9
元旦	固	Yuándàn	6

圆山	固	Yuánshān	15
月	名	yuè	6
语法	名	yǔfǎ	4

Z

在	動	zài	7
在	介	zài	9
再	副	zài	15
脏	形	zāng	16
咱们	代	zánmen	13
早饭	名	zǎofàn	8
怎么	代	zěnme	9
怎么样	代	zěnmeyàng	4
札幌	固	Zháhuǎng	7
站	名	zhàn	9
张	量	zhāng	7
找	動	zhǎo	13
赵朋	固	Zhào Péng	5

照片	名	zhàopiàn	7
这	代	zhè	2
这里	代	zhèli	7
真	副	zhēn	5
这儿	代	zhèr	7
只	副	zhǐ	8
指教	動	zhǐjiào	2
纸巾	名	zhǐjīn	14
侄子	名	zhízi	5
种	量	zhǒng	9
中国	固	Zhōngguó	2
中国人	固	Zhōngguórén	2
中间	名	zhōngjiān	7
钟楼	固	Zhōnglóu	7
中秋节	固	Zhōngqiūjié	6
珠穆朗玛峰	固	Zhūmùlǎngmǎfēng	14

桌子	名	zhuōzi	7
助学金	名	zhùxuéjīn	16
字	名	zì	11
资料	名	zīliào	13
自行车	名	zìxíngchē	5
走	動	zǒu	9
最近	名	zuìjìn	4
左	名	zuǒ	9
坐	動	zuò	9
做	動	zuò	11
佐藤	固	Zuǒténg	1
昨天	名	zuótiān	12
座位	名	zuòwèi	10
左右	名	zuǒyòu	10

➡ 本篇の課文・学習のポイント・練習に初出の語を収録する。
➡ 「I」に収録済みの語は収録しない。
➡ 学習のポイントの表のみに出現する単語は収録しない。
➡ 語彙の後の数字は初出の課をあらわす。

A

爱好	名	àihào	20
哎呀	嘆	āiyā	25
阿拉伯语	固	Ālābóyǔ	20
按时	副	ànshí	27

B

把	介	bǎ	24
摆	動	bǎi	23
班	名	bān	26
办法	名	bànfǎ	25
帮忙	動	bāngmáng	19
棒球	名	bàngqiú	17
半天	名	bàntiān	21
饱	形	bǎo	22
报警	動	bàojǐng	28
被	介	bèi	28
编	動	biān	26
遍	量	biàn	20
病	名	bìng	18
饼干	名	bǐnggān	28
比赛	名	bǐsài	17
毕业	動	bìyè	19
不好意思	組	bù hǎo yìsi	26
不一定	組	bù yídìng	18
不但	接	búdàn	22
-不了	組	-buliǎo	25
-不起	組	-buqǐ	25

C

才	副	cái	26
菜包	名	càibāo	17
操场	名	cāochǎng	21
草莓	名	cǎoméi	24
曾经	副	céngjīng	26
测验	名	cèyàn	26
差	動	chà	26
差不多	副	chàbuduō	21
差不多	形	chàbuduō	26
常常	副	chángcháng	22
炒	動	chǎo	24
超市	名	chāoshì	24

茶叶蛋	名	cháyèdàn	17
成绩	名	chéngjì	27
出	動	chū	23
窗	名	chuāng	23
传说	名	chuánshuō	25
出差	動	chūchāi	27
除了…以外	組	chúle…yǐwài	20
次	量	cì	17
从来	副	cónglái	18
从小	副	cóngxiǎo	27
错	動	cuò	22

D

打伞	組	dǎ sǎn	24
打包	動	dǎbāo	25
戴	動	dài	20
带	動	dài	22
蛋糕	名	dàngāo	24
当然	副	dāngrán	20
但是	接	dànshì	21
倒	動	dào	23
到	動	dào	21
道	量	dào	24
大野池	固	Dàyěchí	23
大衣	名	dàyī	20
得	動	dé	17
得	助	de	26
…的话	組	…de hua	27
-得多	組	-deduō	25
等	動	děng	20
点儿	量	diǎnr	18
电视	名	diànshì	19
电视剧	名	diànshìjù	27
店员	名	diànyuán	27
地方	名	dìfang	25
迪士尼乐园	固	Díshìnílèyuán	20
丢	動	diū	22
懂	動	dǒng	22
动漫	名	dòngmàn	27

冬天	名	dōngtiān	23
兜风	動	dōufēng	27
短期	形	duǎnqī	26
堵车	動	dǔchē	26
队	名	duì	17
对	介	duì	22
对了	組	duì le	24
顿	量	dùn	28
肚子	名	dùzi	25

E

| 而且 | 接 | érqiě | 22 |

F

法国	固	Fǎguó	22
法定假日	名	fǎdìng jiàrì	21
反败为胜	組	fǎn bài wéi shèng	17
方便	形	fāngbiàn	22
防滑	形	fánghuá	23
放假	動	fàngjià	21
放松	動	fàngsōng	21
翻译	動	fānyì	26
发言	動	fāyán	27
费	名	fèi	22
风	名	fēng	22
风铃	名	fēnglíng	23
汾酒	固	Fénjiǔ	18
幅	量	fú	23
覆盖	動	fùgài	23

G

该	助動	gāi	18
咖喱	名	gālí	17
干	動	gàn	19
干杯	動	gānbēi	21
干脆	副	gāncuì	28
刚	副	gāng	21
刚才	名	gāngcái	25
钢琴	名	gāngqín	23
赶快	副	gǎnkuài	23
感冒	動	gǎnmào	27
感想	名	gǎnxiǎng	27

告辞	動	gàocí	18
高中	名	gāozhōng	24
个月	組	ge yuè	19
刮	動	guā	22
挂	動	guà	23
怪不得	副	guàibude	26
光	形	guāng	22
关系	名	guānxi	26
估计	動	gūjì	25
过	助	guo	18
过	動	guò	26
国际	名	guójì	27
过奖	動	guòjiǎng	26
故事	名	gùshi	26
故障	名	gùzhàng	27

H

哈哈哈	嘆	hāhāhā	24
还好	組	hái hǎo	23
还是	副	háishi	25
海鲜	名	hǎixiān	22
汉堡	名	hànbǎo	25
函馆	固	Hánguǎn	25
汉族	固	Hànzú	20
好好儿	副	hǎohāor	21
好玩儿	形	hǎowánr	19
好像	副	hǎoxiàng	18
河	名	hé	25
和服	名	héfú	20
合适	形	héshì	20
厚	形	hòu	25
花	名	huā	22
滑	形	huá	23
花茶	名	huāchá	18
坏	形	huài	27
还	動	huán	22
环境	名	huánjìng	22
滑雪	動	huáxuě	23
滑雪场	名	huáxuěchǎng	27
回答	動	huídá	23
活动	名	huódòng	27

J

简单	形	jiǎndān	24
酱汤	名	jiàngtāng	17
健康	形	jiànkāng	21
简直	副	jiǎnzhí	26
跤	量	jiāo	23
教授	名	jiàoshòu	26
结婚	動	jiéhūn	21
节目	名	jiémù	26
极了	組	jíle	25
进步	動	jìnbù	21
精彩	形	jīngcǎi	17
经常	副	jīngcháng	27
景点	名	jǐngdiǎn	25
就	副	jiù	18
久等	組	jiǔděng	27
就要	副	jiùyào	21
继续	動	jìxù	26
局	量	jú	17
觉得	動	juéde	19
绝对	副	juéduì	25
举手	動	jǔshǒu	27

K

开心	形	kāixīn	20
卡拉OK	名	kǎlā OK	21
考	動	kǎo	26
烤羊排	名	kǎoyángpái	24
烤羊肉	名	kǎoyángròu	20
渴	形	kě	18
克拉克	固	Kèlākè	26
可能	副	kěnéng	25
口音	名	kǒuyin	22
口语	名	kǒuyǔ	25
口罩	名	kǒuzhào	22
酷	形	kù	20
快	副	kuài	21
快	形	kuài	26
快乐	形	kuàilè	21
困难	名	kùnnan	28
裤子	名	kùzi	20

L

来不及	組	láibují	25
老李	固	Lǎo-Lǐ	28
雷	名	léi	22
连	介	lián	24
量	名	liàng	22
离开	動	líkāi	21
领导	名	lǐngdǎo	27
淋浴	動	línyù	17
遛狗	動	liùgǒu	27
流利	形	liúlì	25
留学	動	liúxué	25
龙井茶	固	Lóngjǐngchá	18
楼	名	lóu	23
鲁迅	固	Lǔ Xùn	20
路	名	lù	23

M

马马虎虎	形	mǎmǎhūhū	26
芒果冰	名	mángguǒbīng	20
满意	形	mǎnyì	27
毛衣	名	máoyī	20
帽子	名	màozi	20
麻婆豆腐	名	mápódòufu	20
马上	副	mǎshàng	21
美	形	měi	23
没事	組	méi shì	25
美国	固	Měiguó	26
美食	名	měishí	20
面条	名	miàntiáo	22
米饭	名	mǐfàn	17
明白	動	míngbai	26
民族	名	mínzú	20

N

拿	動	ná	24
哪一年	組	nǎ yì nián	24
难道	副	nándào	28
内容	名	nèiróng	26
嗯	嘆	ng	25
年	名	nián	19
年级	名	niánjí	21
弄	動	nòng	22
弄坏	動	nònghuài	28
努力	動	nǔlì	26
女朋友	名	nǚpéngyou	27

O

哦	嘆	ò	26
偶然	形	ǒurán	28
欧洲	固	Ōuzhōu	20

P

爬	動	pá	18
盘	量	pán	17
泡	動	pào	17
跑	動	pǎo	26
篇	量	piān	24
瓶	量	píng	21
乒乓球	名	pīngpāngqiú	26
拼音	名	pīnyīn	22
批评	動	pīpíng	28

扑克	名	pūkè	18
Q			
骑	动	qí	22
起	动	qǐ	23
墙	名	qiáng	23
前天	名	qiántiān	26
谦虚	形	qiānxū	26
切	动	qiē	24
清楚	形	qīngchu	22
青椒肉丝	名	qīngjiāoròusī	24
旗袍	名	qípáo	20
其实	副	qíshí	26
其他	代	qítā	20
球	名	qiú	21
确实	副	quèshí	25
裙子	名	qúnzi	20
R			
让	动	ràng	27
扔掉	动	rēngdiào	28
如果	接	rúguǒ	27
S			
散步	动	sànbù	19
《三国演义》	固	Sānguó yǎnyì	27
山	名	shān	18
上海	固	Shànghǎi	20
商品	名	shāngpǐn	25
少数	形	shǎoshù	20
生活	名	shēnghuó	22
什么时候	组	shénme shíhou	24
什么的	组	shénmede	18
时候	名	shíhou	24
视频	名	shìpín	17
试验	名	shìyàn	27
首	量	shǒu	19
手表	名	shǒubiǎo	20
手套	名	shǒutào	20
树	名	shù	23
摔	动	shuāi	23
帅	形	shuài	20
涮羊肉	名	shuànyángròu	20
蔬菜	名	shūcài	22
书店	名	shūdiàn	17
睡	动	shuì	19
水果	名	shuǐguǒ	17
睡觉	动	shuìjiào	18
死	动	sǐ	25
四川	固	Sìchuān	20
所以	接	suǒyǐ	27
T			
谈	动	tán	22
弹	动	tán	26
趟	量	tàng	20
躺	动	tǎng	27
唐吉诃德	固	Tángjíhēdé	24
唐装	名	tángzhuāng	20
逃避	动	táobì	28
特别	形	tèbié	20
疼	形	téng	25
踢	动	tī	21
题	名	tí	24
天	名	tiān	19
调料	名	tiáoliào	24
跳舞	动	tiàowǔ	26
贴	动	tiē	23
听	动	tīng	19
停	动	tíng	24
停车场	名	tíngchēchǎng	24
听说	动	tīngshuō	26
体育	名	tǐyù	27
偷	动	tōu	28
T恤	名	T-xù	20
W			
哇	叹	wā	24
外出	动	wàichū	27
外国	名	wàiguó	20
外面	名	wàimiàn	22
碗	量	wǎn	17
完	动	wán	22
晚	形	wǎn	26
完成	动	wánchéng	27
网	名	wǎng	21
玩儿	动	wánr	17
味道	名	wèidao	25
为什么	代	wèishénme	27
问	动	wèn	18
温泉	名	wēnquán	17
问题	名	wèntí	18
文章	名	wénzhāng	25
屋	名	wū	24
午睡	动	wǔshuì	20
X			
洗	动	xǐ	28
戏	名	xì	26
下班	动	xiàbān	18
小张	固	Xiǎo-Zhāng	21
小时	名	xiǎoshí	19
夏天	名	xiàtiān	23
些	量	xiē	17
鞋	名	xié	23
西红柿	名	xīhóngshì	24
行	形	xíng	17
性格	名	xìnggé	22
新郎	名	xīnláng	20
新娘	名	xīnniáng	20
新鲜	形	xīnxiān	22
修理	动	xiūlǐ	28
洗衣机	名	xǐyījī	17
选	动	xuǎn	27
雪	名	xuě	22
Y			
严	形	yán	22
演	动	yǎn	26
药	名	yào	25
药店	名	yàodiàn	22
要是	接	yàoshi	27
一…就…	组	yī…jiù…	23
一般	形	yìbān	26
一边…一边…	组	yìbiān…yìbiān…	22
一会儿	名	yíhuìr	19
意见	名	yìjiàn	27
已经	副	yǐjing	18
一路平安	组	yílù píng'ān	21
因为	接	yīnwèi	27
银杏林荫道	固	Yínxìng línyīndào	23
隐形眼镜	名	yǐnxíng yǎnjìng	20
音乐	名	yīnyuè	19
以前	名	yǐqián	18
医生	名	yīshēng	27
一些	组	yìxiē	17
又	副	yòu	23
有名	形	yǒumíng	25
游戏	名	yóuxì	19
有些	代	yǒuxiē	22
雨	名	yǔ	22

鱼	名	yú	28
越来越…	组	yuè lái yuè…	23
越…越…	组	yuè…yuè…	23
月亮	名	yuèliang	25
愉快	形	yúkuài	21
雨伞	名	yǔsǎn	22
预习	动	yùxí	22

Z

在	副	zài	19
早	形	zǎo	18
怎么办	组	zěnme bàn	28
怎么了	组	zěnme le	25
站	动	zhàn	23

蘸	动	zhàn	24
着	助	zhe	20
这么	代	zhème	18
真的	副	zhēnde	20
正	副	zhèng	19
整理	动	zhěnglǐ	19
珍珠奶茶	名	zhēnzhū nǎichá	20
知道	动	zhīdào	22
稚内	固	Zhìnèi	20
直说	动	zhíshuō	27
重	形	zhòng	22
种	动	zhòng	23
中文	固	Zhōngwén	19

中午	名	zhōngwǔ	18
终于	副	zhōngyú	25
周末	名	zhōumò	21
住	动	zhù	21
祝	动	zhù	21
猪肉	名	zhūròu	25
自己	代	zìjǐ	22
自我	代	zìwǒ	27
总是	副	zǒngshì	25
座	量	zuò	18
作业	名	zuòyè	22
足球	名	zúqiú	21

装丁・本文デザイン・イラスト：メディアアート

北大総合中国語 I・II

| 検印
省略 | ⓒ 2021 年 4 月 1 日　初 版 発 行
2024 年 4 月 1 日　第 4 刷発行 |

編　著　　　　北海道大学中国語教科書編纂グループ

発行者　　　　　　　　原　　雅　　久
発行所　　　　　　株式会社 朝 日 出 版 社
〒 101-0065　東京都千代田区西神田 3−3−5
電話 (03) 3239-0271・72 (直通)
振替口座　東京　00140-2-46008
http://www.asahipress.com/
倉敷印刷

ISBN978-4-255-45350-7 C1087